AF239374

Messerbau leicht gemacht

Band 1

Russische Springmesser
selbst gebaut

Wolfgang Peter-Michel

Bibliografische Information der Deutschen Nationalbibliothek:
Die Deutsche Nationalbibliothek verzeichnet diese Publikation in der Deutschen Natio-
nalbibliografie; detaillierte bibliografische Daten sind im Internet über
http://dnb.d-nb.de abrufbar.

Russische Springmesser selbst gebaut
3. Auflage, 2025
ISBN: 978-3-7693-0657-6
© 2018 by Wolfgang Peter-Michel
Verlag: BoD · Books on Demand GmbH, Überseering 33, 22297 Hamburg,
bod@bod.de
Druck: Libri Plureos GmbH, Friedensallee 273, 22763 Hamburg

Inhalt

Abb. 1: Auch mit einfachen Werkzeugen und aus preiswertem Material lassen sich hervorragende Messer bauen.

Messerbau leicht gemacht?

Messerbau leicht gemacht? – Warum das denn?

Die Idee zu einer Buchreihe dieses Namens kam dem Autor des vorliegenden Bandes nach jahrzehntelangen Erfahrungen im Messerbau. Von Anfang an waren seine Leitbilder Ikonen wie Robert „Bob" Loveless, Frank Centofante, Ron Lake oder, hier in Deutschland, Wolf Borger gewesen. Sie alle zeichnen sich durch absolut hochwertige Arbeit und perfektes Design aus. Diese Perfektion war für den Autor als Amateur und Hobby-Messerbauer stets schwer erreichbar. Dennoch gefielen ihm seine selbstgebauten Messer durchaus gut, denn sie funktionierten einwandfrei und waren treue Begleiter im Alltag und Freizeit. Aber die Messermacherszene entwickelte sich weiter und ihre Werke wurden immer mehr zu Kunstobjekten, die mit Gebrauchsmessern zum Teil überhaupt nichts mehr zu tun haben. Fossiles Mammutelfenbein, Kamelknochen, Jade und Schlangenleder sind mittlerweile zu Standards geworden, aus Sicht des Autors jedoch für Gebrauchsmesser viel zu schade.

Auch die Anleitungen für Amateur-Messerbauer entwickeln sich in eine ähnliche Richtung. Sie beschreiben großartige Arbeitstechniken und den Weg zu einem perfekten Messer. Sie setzen jedoch meistens den Besitz von Werkzeug und Maschinen im Wert von mehreren Tausend Euro voraus. Außerdem die Verwendung von teuren und zum Teil in kleinen Mengen schwer erhältlichen Materialien. Es mag anderen Menschen anders gehen, aber der Autor war aufgrund dieser hohen Ansprüche nicht selten so weit, die Lust am Messerbau zu verlieren. Denn die eigenen Werke sahen im Vergleich zu all dem Glanz und Glitter doch zu schäbig aus.

Doch vor einigen Jahren wurde auf einer Taschenmesser-Ausstellung in Solingen ein Messer aus Privatbesitz gezeigt, das ein deutscher Soldat des Zweiten Weltkriegs besessen und mit in die russische Kriegsgefangenschaft genommen hatte. Es war ihm dort in Jahren der Entbehrung ein treuer und zuverlässiger Begleiter geblieben. Der Autor, in diesem Moment mit einem Messer mit Klinge aus ATS-34 und Griffschalen aus G-10 in der Tasche, vertiefte sich bewundernd in das abgetragene und vom Alter grau-schwarz angelaufene Messer. Es handelte sich um ein einfaches einklingiges Taschenmesser mit geprägten Blechgriffschalen. Es hatte wahrscheinlich nur wenige Groschen gekostet. Die Klingenachsen bestanden mit Sicherheit aus einfachem Stahldraht und wiesen keine Teflon-Laufscheiben oder Kugellager als Klingenlagerung auf. Auch war der Stahl sicher nicht rostfrei und auch nicht härter als 50 HRC. Dennoch hat es den Besitzer durch die Jahre der Kriegsgefangenschaft begleitet und dabei wahrscheinlich mehr geleistet, als viele Supermesser heutzutage, die für mehrere 100 € gekauft werden und dann in der Vitrine liegen.

Deshalb: Ein solides Gebrauchsmesser muss nicht aus perfektem Material oder edlem Geschmeide bestehen. Auch muss es keine perfekte Politur und Finish aufweisen. Es geht schlicht und einfach darum, ein solides Werkzeug zu schaffen, das auch für den rauen Alltagseinsatz nicht zu schade ist. Ein solches Ziel ist mit einigen wenigen Handwerkszeugen und einer elektrischen Bohrmaschine mit einigen Bohrern zu erreichen. Und zwar in nur wenigen Stunden Arbeit. Genau das will die Buchreihe, deren ersten Band Sie gerade in Händen halten, leisten. Nicht mehr und nicht weniger.

Wolfgang Peter-Michel

Rechtlicher Hinweis

Der Autor des vorliegenden Buches ist kein Jurist. Er hat die darin vermittelten Inhalte gewissenhaft recherchiert und nach bestem Wissen und Gewissen wiedergegeben – zunächst im Jahr 2018 und erneut nach der Änderung des Waffenrechts 2024. Dennoch kann er Irrtümer oder Missverständnisse nicht ausschließen. Daher sollte jeder, der nach den hier beschriebenen Methoden Messer bauen möchte, zuvor juristischen Rat einholen, beispielsweise bei einem Anwalt oder bei der Polizei. Nur diese können das Erzeugnis verlässlich bewerten.

Auch ist es möglich, dass das deutsche Waffenrecht nach Drucklegung dieses Buches weiter verschärft wird. Dies kann der Autor nur durch neue, überarbeitete Auflagen in sein Buch einpflegen. Exemplare der Altauflage vermitteln dann nicht mehr die aktuell gültige Rechtslage. Daher liegt es im Interesse des Lesers, sich zu vergewissern, wie die aktuelle Rechtslage in Bezug auf Messer ist. Der Autor kann dafür keine Verantwortung übernehmen!

Bis zum Jahr 2024 durften Springmesser der in diesem Buch vorgestellten Ausführung in Deutschland nach § 42a des Waffengesetzes (Verbot des Führens von Anscheinswaffen und bestimmten tragbaren Gegenständen) legal besessen, jedoch nicht „geführt" werden. Dies galt bis zu einer Klingenlänge von maximal 8,5 Zentimetern und auch nur für Ausführungen mit einschneidiger Klinge.

Nach Stand November 2024 hat der Gesetzgeber in Deutschland Springmesser nunmehr als verbotene Gegenstände eingestuft. Das bedeutet, dass Herstellung und Besitz dieser Messer grundsätzlich verboten sind.

Daher sollten in Deutschland ansässige Messermacher aussschließlich die in diesem Buch beschriebene Variante <u>ohne</u> Springfunktion herstellen! Die Herstellung und der Besitz eines Springmessers stehen in Deutschland unter Strafe!

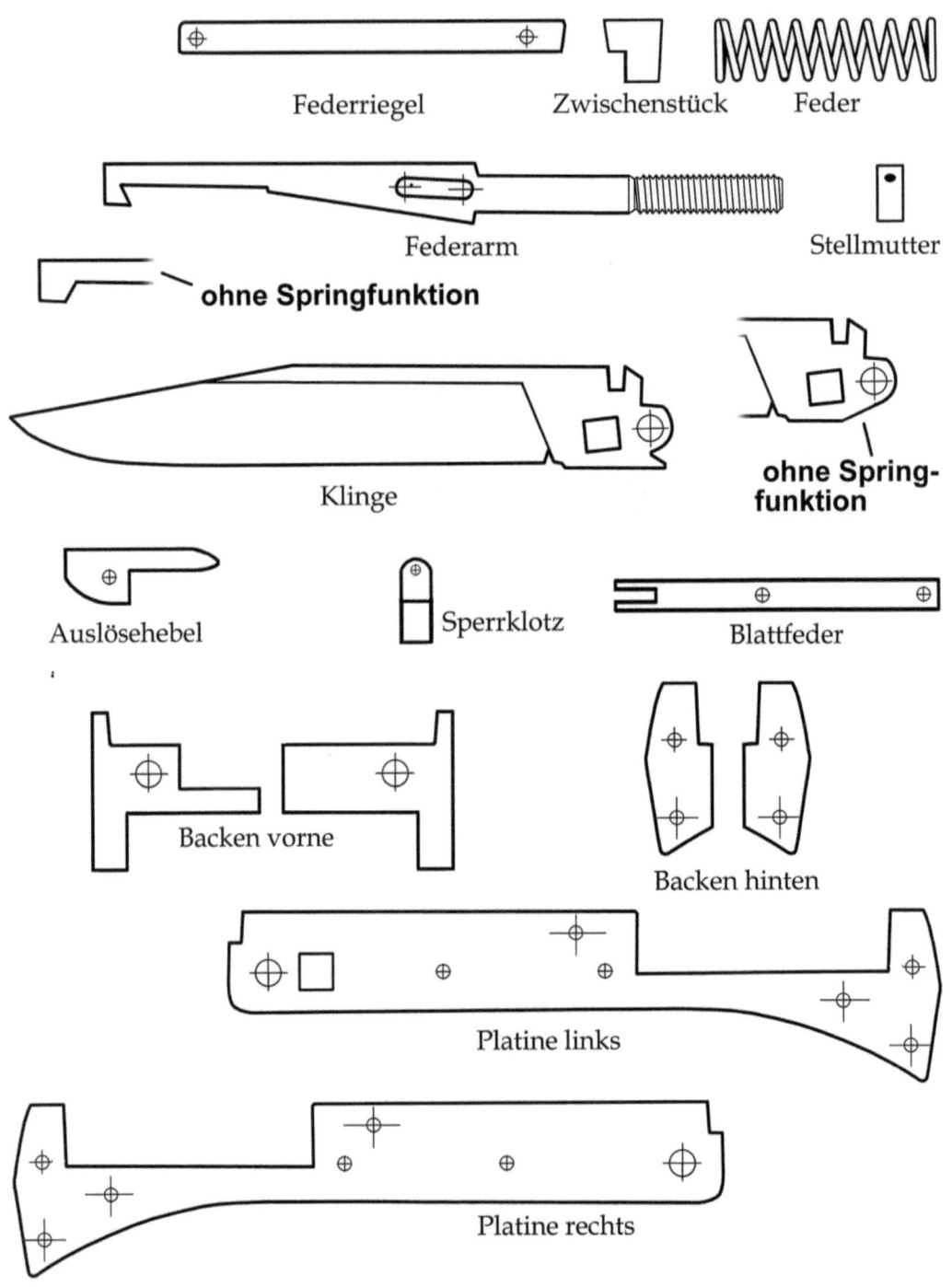

Federriegel

Zwischenstück

Feder

Federarm

Stellmutter

ohne Springfunktion

Klinge

**ohne Spring-
funktion**

Auslösehebel

Sperrklotz

Blattfeder

Backen vorne

Backen hinten

Platine links

Platine rechts

Einleitung

Warum beschäftigt sich der erste Band der Reihe „Messerbau leicht gemacht" mit einem Springmesser? Und dann auch noch ausgerechnet mit einer ausgefallenen russischen Konstruktion? Ist das nicht ziemlich kompliziert für ein Buch, das sich gerade dem einfachen Messerbau verschrieben hat?

Natürlich ist ein Klappmesser, und besonders eines, das durch Federdruck ausgelöst wird, komplizierter als ein feststehendes Messer. Doch existieren Anleitungen zum Bau von feststehenden Messern bereits zu Dutzenden und viele Amateur-Messermacher haben damit bereits erste Erfahrungen gesammelt. Wer sich einmal an einem Klappmesser versuchen will, sieht sich dagegen meist mit Bauanleitungen konfrontiert, die ausgesprochen anspruchsvolle Techniken beschreiben und auf mechanische Perfektion ausgerichtet sind. Dies ist zwar hochprofessionell, stellt jedoch den Einsteiger mit schmalem Geldbeutel und minimaler Werkzeugausstattung oft vor unlösbare Aufgaben. Viele verlieren dann sogleich die Lust oder trauen sich ein Messer mit beweglicher Klinge einfach nicht zu. Klappmesser sind aber durchaus als Projekt für den Einsteiger geeignet. Und die hier beschriebene Konstruktion ist, egal ob mit Springfunktion oder ohne, nur wenig aufwendiger als beispielsweise ein Klappmesser mit normaler Rückenverriegelung. Dennoch hat es über seinen ungewöhnlichen Mechanismus Seltenheitswert und ist daher für den Eigenbau besonders lohnend.

Russische Springmesser

Die ersten Exemplare der in diesem Buch beschriebenen Springmesserkonstruktion gelangten kurz nach dem Fall des Eisernen Vorhangs auf den westlichen Sammlermarkt. Auffälliges Detail dieser Messer: Die sichtbar im Griffrücken eingesetzte Spiralfeder. Bald schon rankten sich um diese Messer diverse Mythen, nicht zuletzt deshalb, weil nur sehr wenige davon auf den Sammlermarkt

Abb. 2: Auf der linken Seite sind alle Bauteile für ein Messer mit 8,5 cm langer Klinge abgebildet. Die Zeichnungen können als Schablonen für den Bau verwendet werden. Achtung: In Deutschland ansässige Messermacher sollten ausschließlich die Variante ohne Springfunktion bauen!. Die Herstellung von Springmessern ist in Deutschland verboten!

kamen und somit nur wenige Interessierte jemals eines davon in den Händen hielten. Der Autor erfuhr von diesen Messern zum ersten Mal durch die Ausgabe 1/1995 der Springmesser-Fachzeitschrift „The Automatic Knife Resource Guide and Newsletter". Schon auf dem Titelbild war eine Reihe der geheimnisvollen Messer abgebildet. Dieses Bild lag dem Autor nur in einer niedrig auflösenden kleinformatigen Version vor. Auch nach stundenlangem Studium ließ sich daraus die Funktion des Springmechanismus mit der Rückenfeder nicht ergründen.

Erst einige Jahre später tauchten im Internet weitere Informationen zu diesen Messern auf, sodass sich schlussendlich deren Funktion erschließen ließ. Die Krux liegt bei der russischen Springmesserkonstruktion darin, dass die Spiralfeder zwar auf einem Federarm beim Schließen des Messers komprimiert wird, jedoch beim Auslösen die Klinge nicht durch Druck hervorschnellen lässt, sondern vielmehr einen Zug auf den Federarm ausübt, der wiederum die Klinge in axialer Richtung beschleunigt und damit zum Ausklappen bringt. Der Vorteil gegenüber anderen Springmesserkonstruktionen liegt aber hauptsächlich in der starken Spiralfeder, die das Messer in allen Lebenssituationen sicher aufschnappen lässt. Und eine Spiralfeder dieser Dimension neigt, wenn aus hochwertigem Material gefertigt, weder zum Brechen noch zum Erlahmen.

Wer die auf dem Sammlermarkt kursierenden russischen Originale genauer untersucht, wird feststellen, dass sie meist recht grob und mit hohen Toleranzen gefertigt sind. Dennoch funktionieren sie überwiegend sehr zuverlässig und machen einen stabilen Eindruck. Somit wird das Produkt eines noch ungeübten Selbstbauers daneben nicht als „Murks" dastehen. Natürlich sollte ein am Bau eines solchen Messers Interessierter bereits über erste Erfahrungen in der Bearbeitung von Metallen verfügen. Jemand der noch nie ein Werkzeug in der Hand hatte, wird weder ein Klappmesser noch ein feststehendes Messer in zufriedenstellender Qualität fertigen können. Wer jedoch über durchschnittliches handwerkliches Geschick und Erfahrungen verfügt, wird beim Bau des beschriebenen Springmessers keine Probleme haben.

Werkstattausstattung

Zur Werkstattausstattung sollte auf jeden Fall ein Schraubstock gehören. Darüber hinaus eine elektrische Handbohrmaschine und nach Möglichkeit auch ein Bohrständer, in den diese eingesetzt werden kann. Er muss weder besonders aufwendig noch teuer sein, zum Zeitpunkt der Drucklegung dieses Buches wurde ein geeignetes Exemplar mit zugehörigem Maschinenschraubstock im Baumarkt für knapp 18 Euro angeboten. Natürlich hatte dieses Modell ein wenig Spiel und Bohrungen ließen sich damit nicht auf den hundertstel Millimeter genau platzieren. Dennoch war es möglich, damit genau lotrecht zu bohren und über den Hebelarm mehr Kraft aufzuwenden als mit einer aus der freien Hand geführten Bohrmaschine möglich gewesen wäre. Somit erleichtert selbst ein einfacher Bohrständer das Arbeiten enorm.

Das Handwerkszeug soll hier im Einzelnen nicht aufgezählt werden, jedoch sollten alle gängigen, für die Metallbearbeitung erforderlichen Handwerkzeuge vorhanden sein, also auf jeden Fall Bügelsäge, Hammer, Meißel, Gewindeschneidersatz, Schraubendreher und so viele Feilen wie möglich, also Flach-, Rund-, Halbrund-, Vierkant-, Dreikant- und auch Schlüsselfeilen.

Wer Klingen oder auch Kleinteile selber härten will, benötigt bei einfachen Kohlenstoffstählen wie dem vom Autor dieses Buches bevorzugten CK-75 nicht unbedingt einen professionellen Härteofen. Schon aus einem Grill und einem alten Staubsauger lässt sich eine brauchbare Esse improvisieren, mit der sich das Härtegut zu kirschroter Glut erhitzen lässt. Abgeschreckt wird in Öl. Das Anlassen kann im Backofen eines normalen Elektroherdes geschehen. Der zuvor gehärtete CK-75 wird darin bei Ober-/Unterhitze auf 190° C erhitzt und bei dieser Temperatur rund eine Stunde im Ofen belassen. Dann wird das Gerät ausgeschaltet, die Ofentür geöffnet und der Stahl bis zum völligen Abkühlen darin belassen. Mit diesem Verfahren lassen sich viele Kohlenstoffstähle ohne großes Brimborium auf solide Gebrauchshärten bringen. Achtung: Unterschiedliche Temperaturen und Haltezeiten beachten!

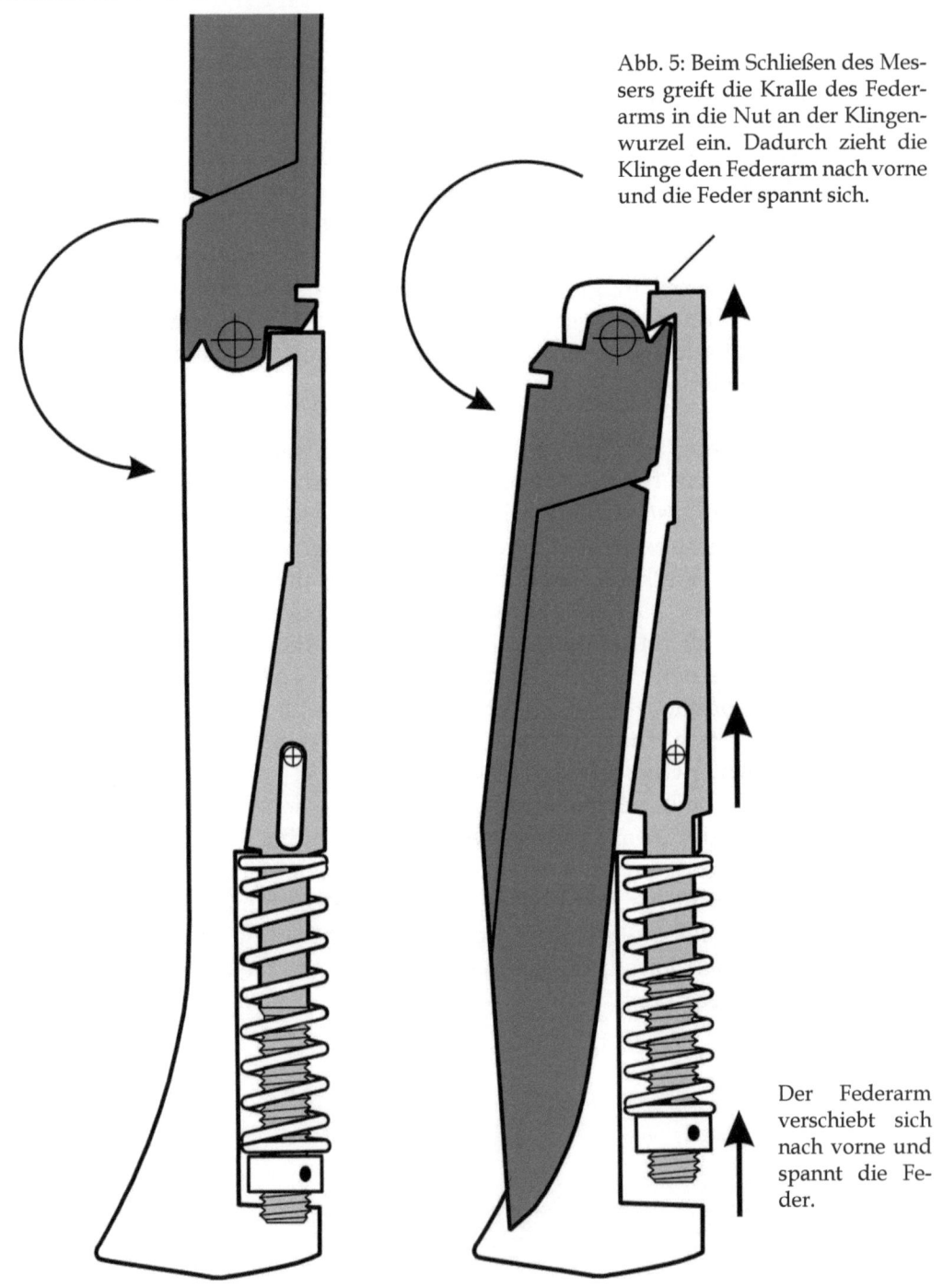

Abb. 5: Beim Schließen des Messers greift die Kralle des Federarms in die Nut an der Klingenwurzel ein. Dadurch zieht die Klinge den Federarm nach vorne und die Feder spannt sich.

Der Federarm verschiebt sich nach vorne und spannt die Feder.

Abb. 6: Beim Auslösen des Schnappmechanismus reißt die Kraft der kom-
primierten Rückenfeder den Federarm
in Richtung Knauf. Mit seiner haken-
förmigen Vorderseite greift er dabei in
die Nut an der Klingenwurzel ein und
dreht die Klinge in die offene Position.

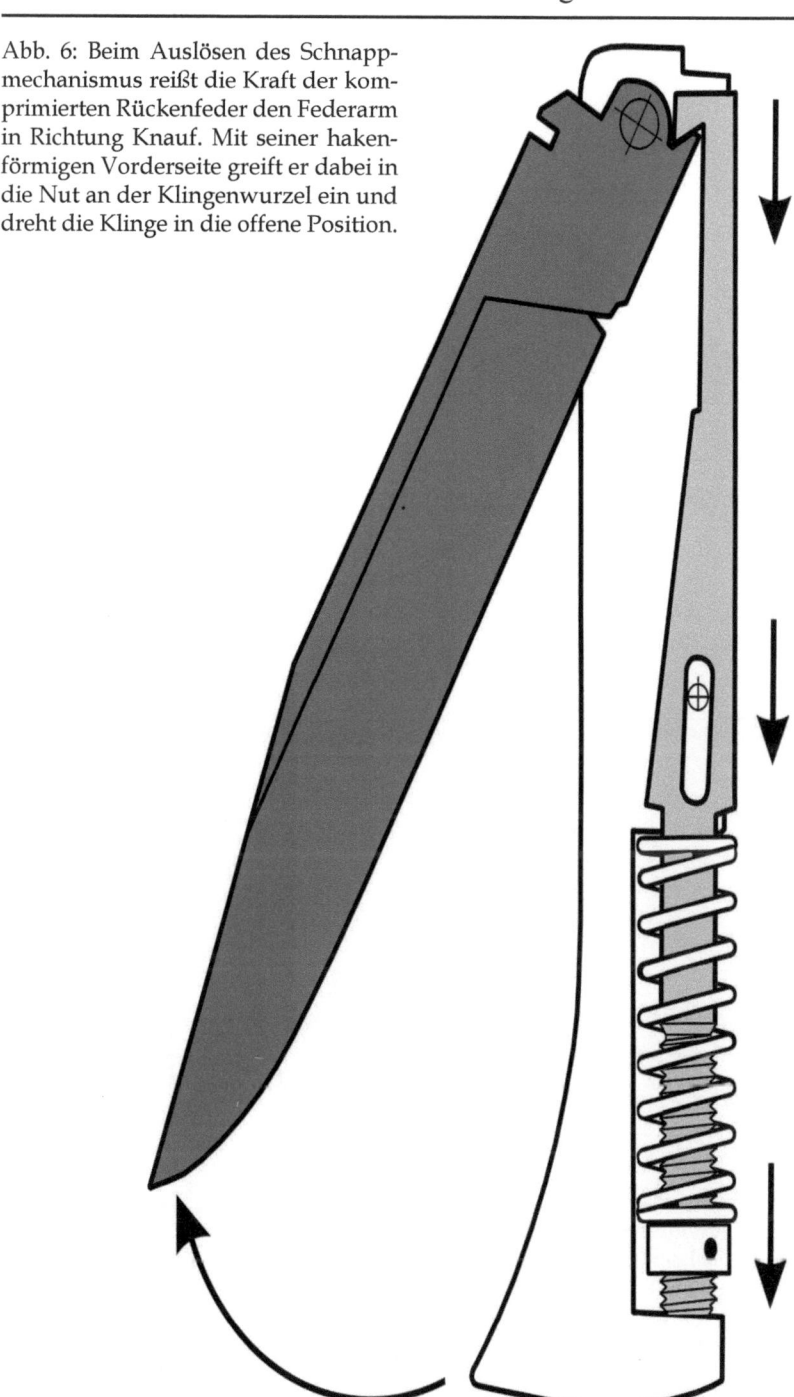

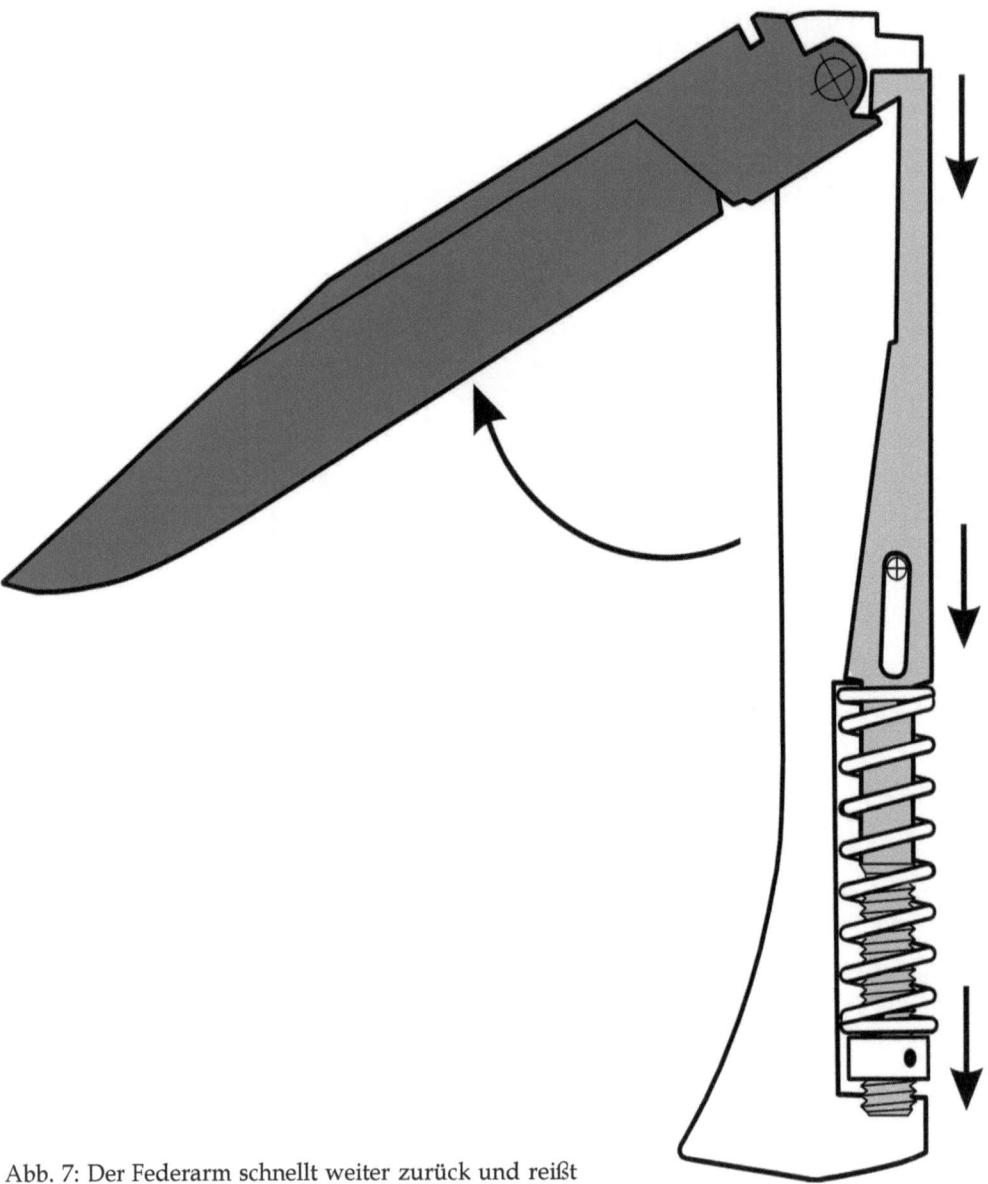

Abb. 7: Der Federarm schnellt weiter zurück und reißt die Klinge in etwa einer Vierteldrehung um ihre Achse herum. Der Verwender muss beim Öffnen des Messers beachten, dass er sich im Bereich der Stellmutter durchaus die Haut des Handballens einklemmen kann: Da das Ende des Gewindes sich mitsamt der Stellmutter in Richtung Knauf bewegt, kann es hier schon einmal „eng" werden.

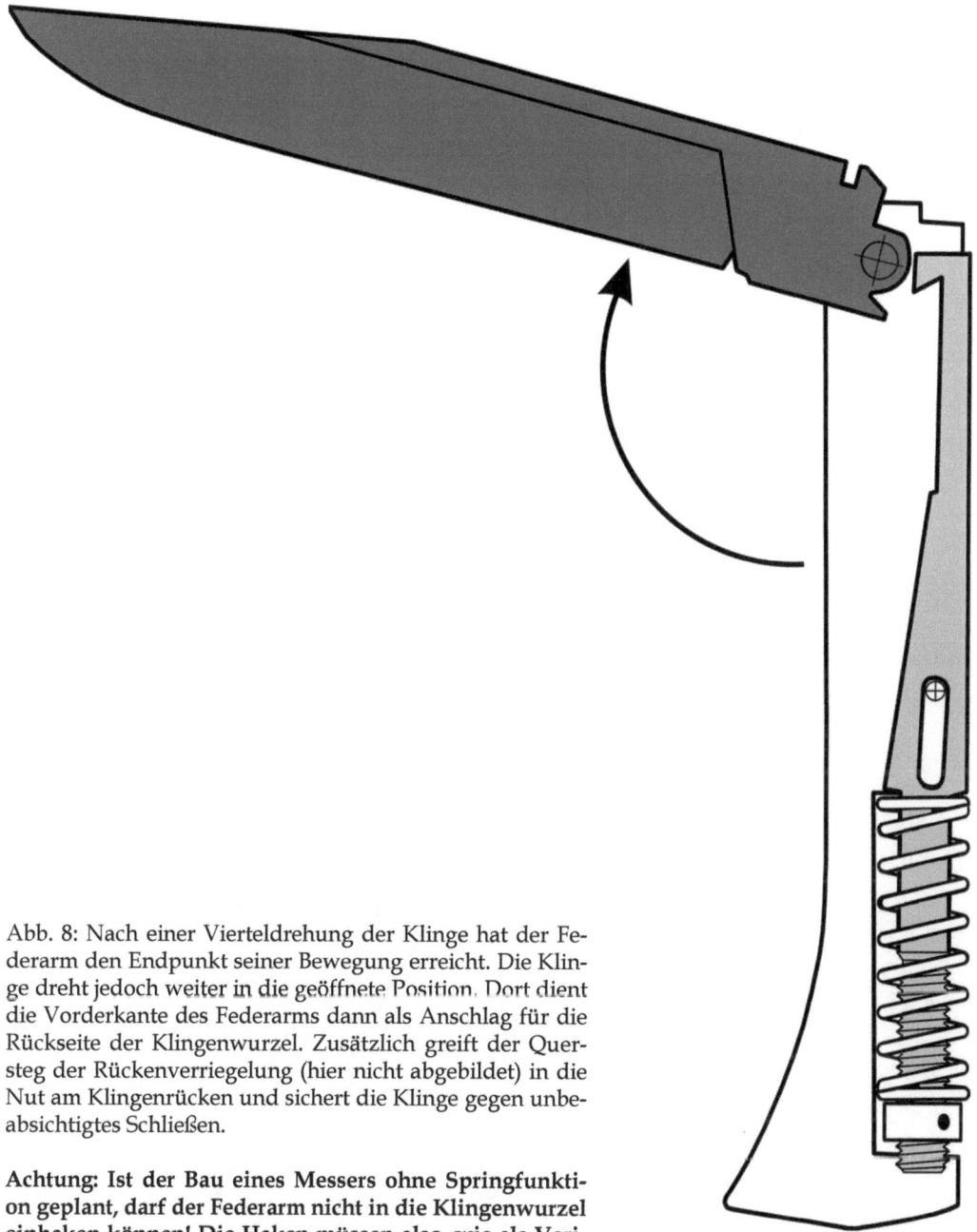

Abb. 8: Nach einer Vierteldrehung der Klinge hat der Federarm den Endpunkt seiner Bewegung erreicht. Die Klinge dreht jedoch weiter in die geöffnete Position. Dort dient
die Vorderkante des Federarms dann als Anschlag für die
Rückseite der Klingenwurzel. Zusätzlich greift der Quersteg der Rückenverriegelung (hier nicht abgebildet) in die
Nut am Klingenrücken und sichert die Klinge gegen unbeabsichtigtes Schließen.

**Achtung: Ist der Bau eines Messers ohne Springfunkti-
on geplant, darf der Federarm nicht in die Klingenwurzel
einhaken können! Die Haken müssen also, wie als Variante in den Schablonen dargestellt, funktionslos gemacht
werden!**

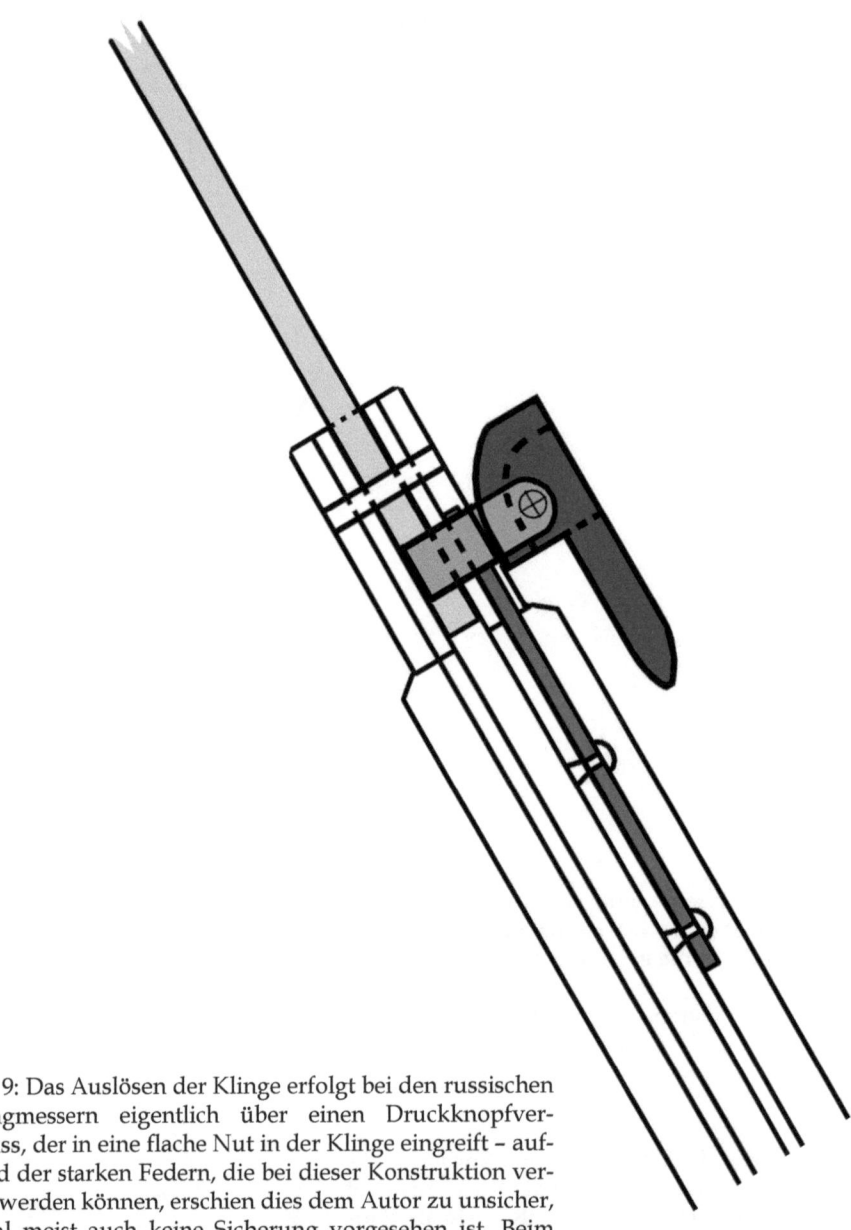

Abb. 9: Das Auslösen der Klinge erfolgt bei den russischen Springmessern eigentlich über einen Druckknopfverschluss, der in eine flache Nut in der Klinge eingreift – aufgrund der starken Federn, die bei dieser Konstruktion verbaut werden können, erschien dies dem Autor zu unsicher, zumal meist auch keine Sicherung vorgesehen ist. Beim vorliegenden Bauprojekt soll deshalb ein Hebelverschluss („Leverletto") zum Einsatz kommen.

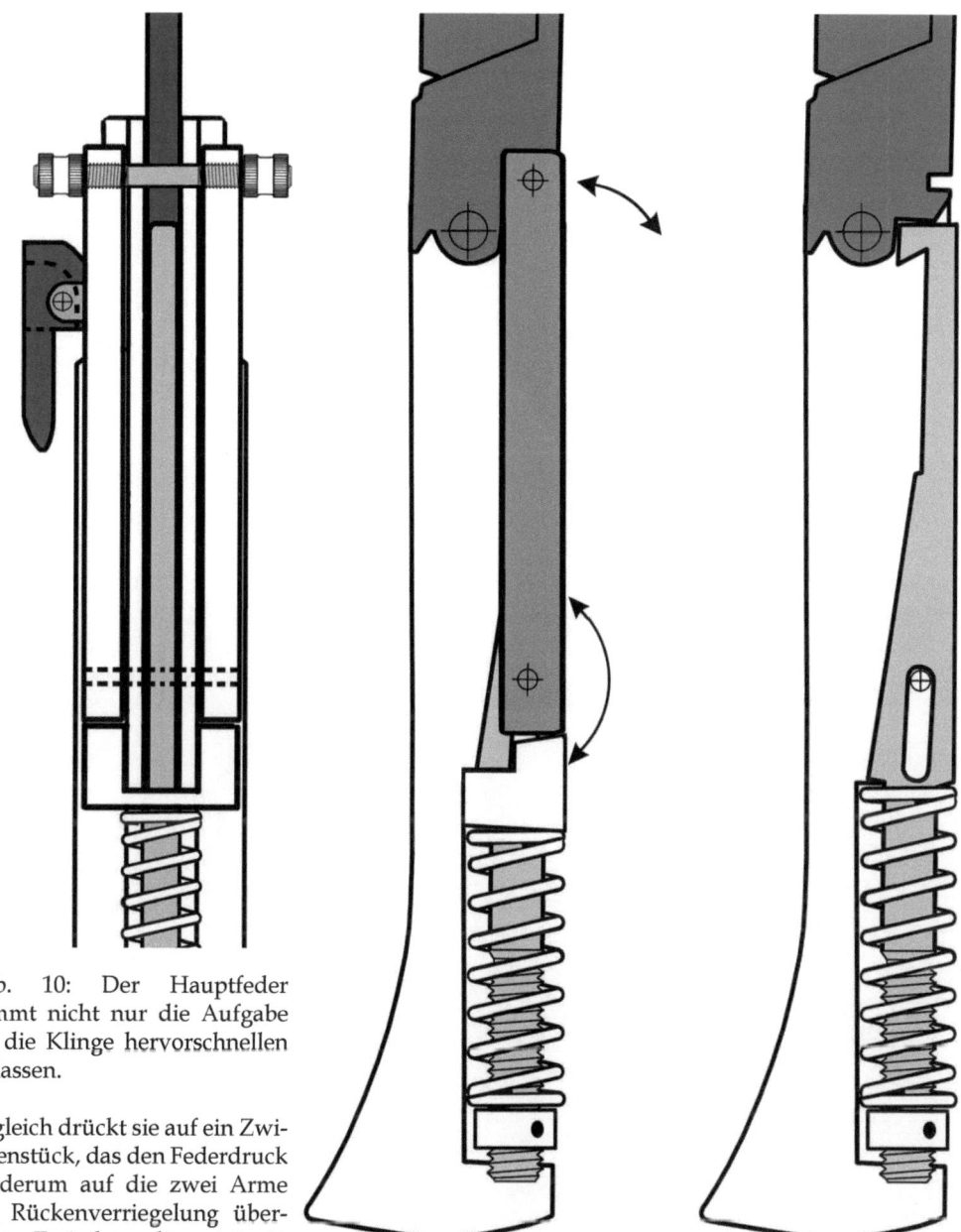

Abb. 10: Der Hauptfeder kommt nicht nur die Aufgabe zu, die Klinge hervorschnellen zu lassen.

Zugleich drückt sie auf ein Zwischenstück, das den Federdruck wiederum auf die zwei Arme der Rückenverriegelung überträgt. Zwischen diese ist ein runder Quersteg geschraubt, der in eine Nut im Klingenrücken eingreift und diese so im geöffneten Zustand verriegelt.

Abb. 11 und 12: Rechts ist der Mechanismus noch einmal, wie zuvor, ohne Rückenverriegelung dargestellt. In der mittleren Darstellung sind dann Zwischenstück und Verriegelungsarme eingesetzt. Links die Ansicht von oben.

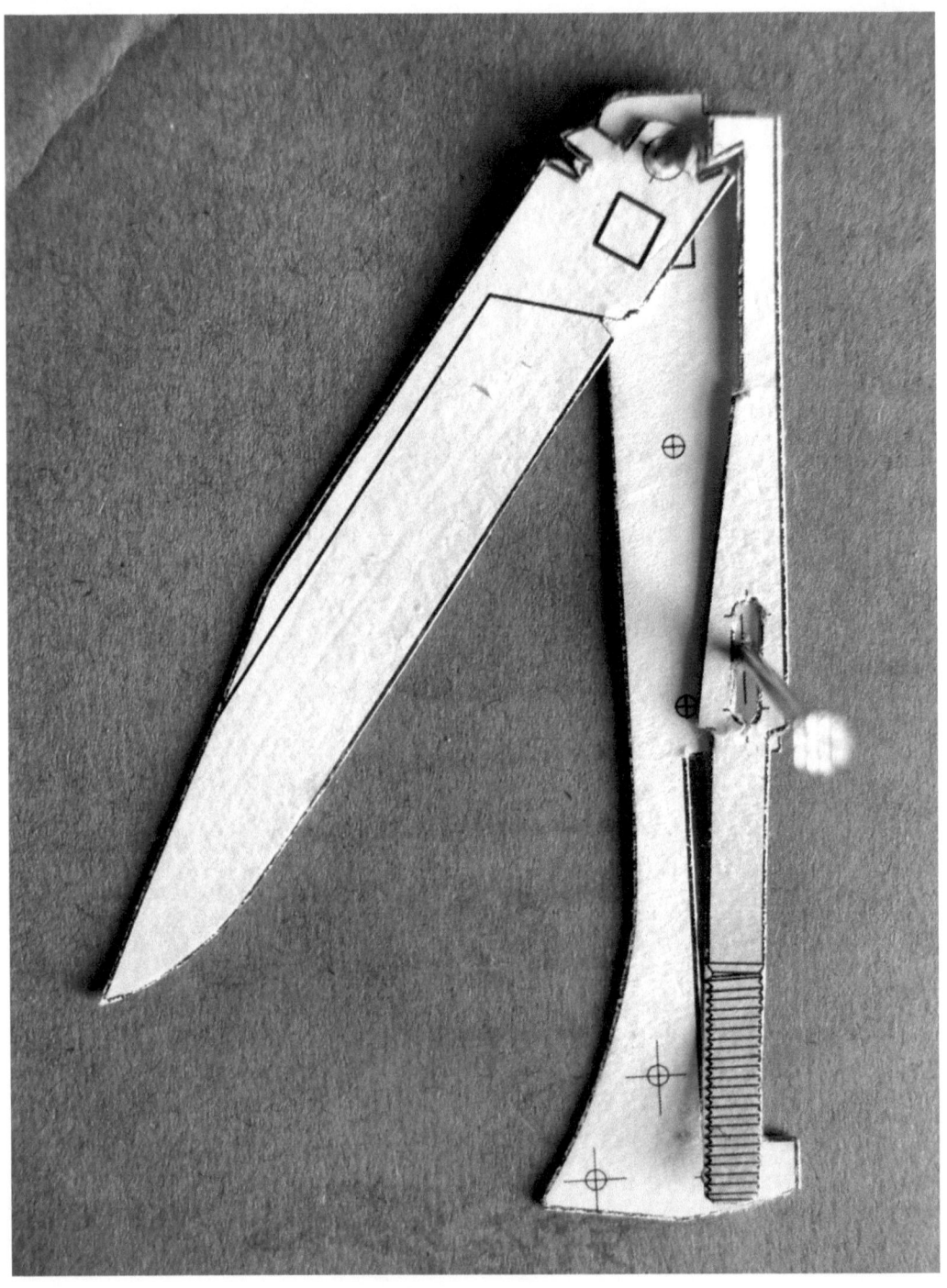

Das Pappmodell

Bei einem aufwendigen mechanischen Gerät wie einem Springmesser ist es empfehlenswert, vor dem eigentlichen Baubeginn ein Pappmodell anzufertigen. Denn nicht nur werden einige Messermacher die in diesem Buch bereitgestellten Vorlagen modifizieren wollen, entweder was die Größe angeht oder das Design. In diesem Fall ist es besonders wichtig, sich zuvor mittels eines Pappmodells zu vergewissern, dass weiterhin alle Komponenten gut aufeinander abgestimmt sind. Doch auch wer die in diesem Buch enthaltenen Vorlagen nicht verändern möchte, sie jedoch, um das Buch nicht zerschneiden zu müssen, zunächst durch Fotokopieren oder Scannen vervielfältigt, muss damit rechnen, dass das verwendete Gerät die Grafiken leicht verzerrt wiedergibt.

Wer also einige Kopien mehr anfertigt, eine davon auf einen Streifen stabile Pappe klebt und alle Komponenten ausschneidet, kann sie mithilfe von Nägeln oder Stecknadeln auf einer Pinnwand oder einem Weichholzbrett zusammenstecken und um die jeweiligen Achsen bewegen.

Auf diese Weise wird die Funktion der russischen Springmesserkonstruktion noch einmal deutlich: Wird die Klinge eingeklappt, greift der Haken des Federarms in die entsprechende Aussparung in der Klingenwurzel ein und wird von der sich drehenden Klinge nach vorne gezogen. Am Pappmodell wird nun deutlich, dass das mit dem Gewinde versehene Ende des Federarms bei dem Spannvorgang leicht nach unten klappt, sich also in den Federschacht des Griffs senkt. Daher muss hier auf jeden Fall genügend Spiel vorhanden sein, um dem Federarm das Einschwenken zu ermöglichen. Je nach Stärke der verwendeten Spiralfeder muss der Federschacht in den Platinen entsprechend angepasst werden.

Amateur-Messermachern sei noch einmal dringend geraten, Passungen wie die des Sperrklotzes in der entsprechenden Aussparung der Klinge erst im Verlauf des Bauvorgangs endgültig festzulegen. In der Zeichnung und auch am Pappmodell sind solche Passungen leicht eingezeichnet oder ausgeschnitten. Wer je-

Abb. 13: Mithilfe eines Pappmodells lässt sich überprüfen, ob alle Komponenten gut aufeinander abgestimmt sind. Ist dies nicht der Fall, können die Zeichnungen entsprechend angepasst werden. Dann sollte erneut ein Pappmodell angefertigt werden, bis dessen Funktion überzeugt.

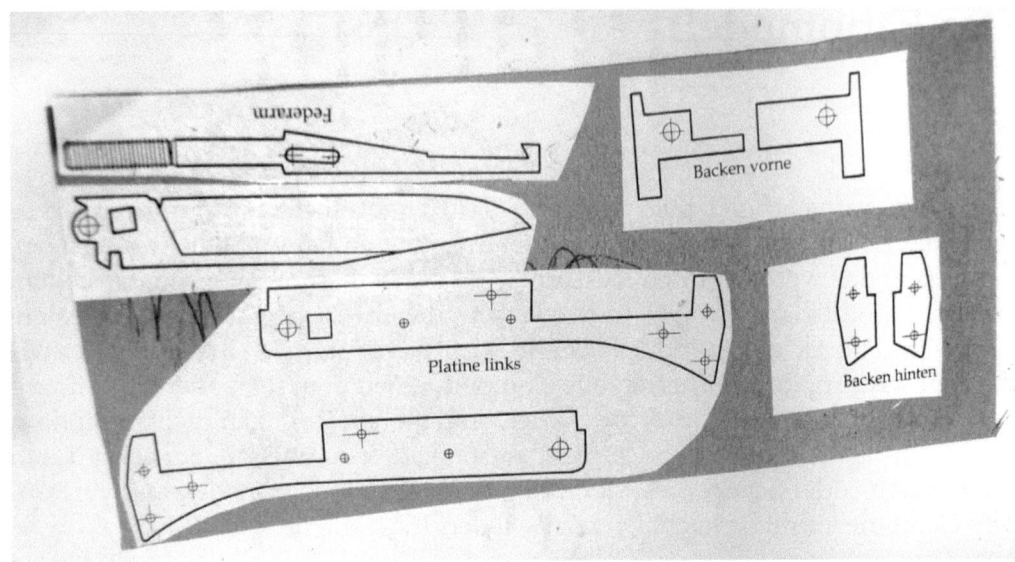

Abb. 14: Die im Buch enthaltene Zeichnung wurde kopiert und die Elemente auf ein Stück Pappe aufgeklebt. Die Backen sind natürlich für die Überprüfung der Funktion nicht erforderlich. Sie sollen als Schablone für das Anreißen der Teile dienen.

doch bei der Arbeit mit Metall nicht von sich behaupten kann, absolut toleranzfrei zu arbeiten, sollte die Aussparung an der Klingenwurzel für den Sperrklotz erst vornehmen, wenn das korrespondierende Loch bereits in die linke Platine geschnitten ist. Dann kann er die Klinge mit ihrer Achse in die Platine einsetzen, zum Schließen einschwenken und durch die Öffnung in der Platine die Lage der Aussparung in der Klingenwurzel exakt anreißen. Auf diese Weise wird unnötiger Ausschuss vermieden und die Frustrationstoleranz des Messermachers nicht über Gebühr beansprucht.

Wer am Pappmodell die Funktion der Teile überprüft, wird feststellen, dass an einigen Komponenten Materialzugaben hinzugefügt wurden, um Anpassungen zu ermöglichen. Beispielsweise wurde der Gewindestab am Ende des Federarms länger ausgelegt, als nötig. Dies dient einerseits dazu, das Schneiden des Gewindes zu erleichtern. Denn beim Ansetzen des Schneideisens können die ersten Gänge des Gewindes schon einmal ausreißen. Außerdem ist es dem Messermacher überlassen, ob er das Gewinde zwischen den hinteren Backen enden lassen will, oder davor.

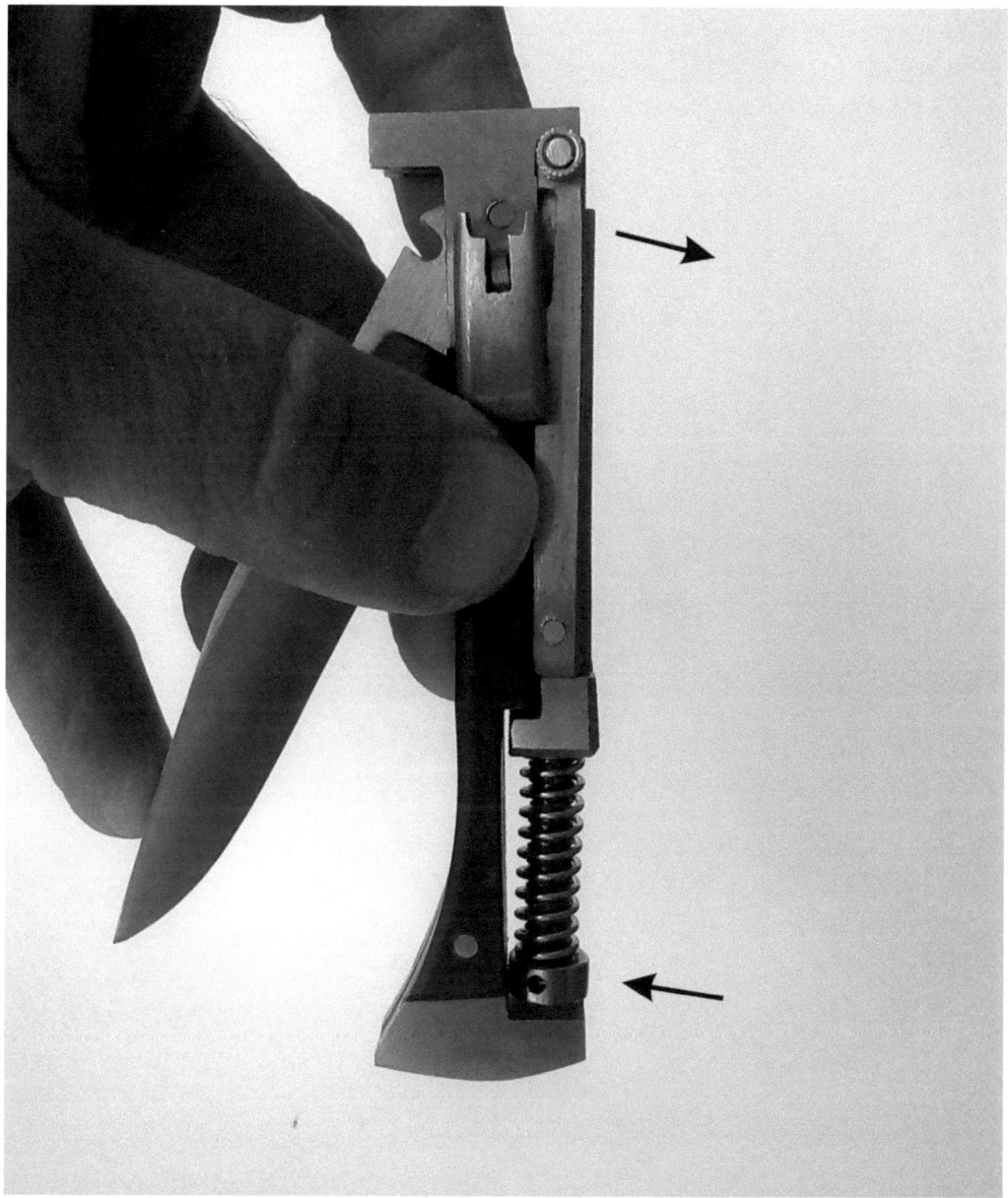

Abb. 15: Die Pfeile in diesem Bild sollen die Bewegung des Federarms während des Schließens und Öffnens des Messers verdeutlichen: Das Element dreht sich dabei ein wenig um die Achse in seiner Mitte und neigt sich mit seinem Ende in den Federschacht. Hier muss also genug Spiel vorhanden sein, damit das Messer nicht „klemmt".

Abb. 16: Die Platinen mit aufgeklebten und verstifteten Backen.

Die Platinen

Die Platinen, also die Blechplatten, auf denen die Backen und Griffschalen aufgenietet sind, werden als erstes Bauteil angefertigt. Denn sie bestimmen die endgültige Form des Messers, das heißt, an ihnen wird der äußere Umriss für die Backen und die Griffschalen festgelegt.

Aufgrund der starken Federkraft der verwendeten Spiralfeder ist es empfehlenswert, das Material für die Platinen etwas stärker als sonst auszuwählen. Am vorliegenden Stück wurde Blech aus Baustahl St-37 in 2 mm Stärke gewählt. Dieses Material ist in den Eisenwaren-Abteilungen der meisten Baumärkte als Meterware erhältlich. Zunächst werden zwei Stücke zurechtgeschnitten, die etwas länger und etwas breiter als das Endmaß der Platinen sind. Diese werden mit Sekunden- oder Kontaktkleber provisorisch aufeinander geklebt, um beide Platinen mit exakt gleichem Umriss und, noch wichtiger, mit exakt fluchtenden Bohrungen zu fertigen.

Abb. 17: Die Herstellung der Platinen beginnt mit dem Zuschnitt von zwei ausreichend großen Stücken Stahlblech.

Um den Umriss von den Bauplänen auf das Material zu übertragen, ist es für die meisten Anfänger am einfachsten, die entsprechende Buchseite mit den Zeichnungen zu kopieren, die Kopien mit etwas Papierüberstand auszuschneiden und auf das Material zu kleben. Dafür eignet sich Kontaktkleber sehr gut, weil dieser nicht nur abriebfest, sondern auch ölbeständig ist. Denn die zum Bohren verwendeten Schneidflüssigkeiten oder Öle würden andere Klebstoffe anlösen und somit exaktes Arbeiten unmöglich machen. Natürlich können auch die Teile des Pappmodells aus dem vorherigen Kapitel als Schablonen dienen. Dazu ist lediglich eine Reißnadel oder ein anderer spitzer Gegenstand erforderlich. Weist der Stahl noch die Zunderschicht auf, kann in diese der Riss gezeichnet werden. Auf blanken Flächen bietet sich die Verwendung von Anreißfarbe an. Wer darüber nicht verfügt, kann die Oberfläche auch mit einem Permanentmarker komplett einfärben, um den Riss in diese Farbschicht ritzen zu können.

Wer über keine Möglichkeit verfügt, Bohrungen wirklich zuverlässig an dem Punkt zu platzieren, an dem sie gewünscht sind, ist gut beraten, diesen Arbeitsschritt zuallererst auszuführen. Denn ein Stück, an dem man schon mehrere Stunden gearbeitet hat, durch falsch platzierte Bohrungen zu verderben, ist eine große Enttäuschung und kann gerade Anfängern die Lust am Weiterarbeiten nehmen. Wie bereits erwähnt, sollen die Platinen den äußeren Umriss und besonders die Lage der Bohrungen bestimmen. Alle anderen Bestandteile des Messers werden also passend zu den Platinen gefertigt, eventuelle Ungenauigkeiten beim Bau der Platinen werden als gegeben angenommen und auf die weiteren Bauteile übertragen, bzw. bei ihrer Fertigung ausgeglichen.

Ist die Lage der Bohrungen in Ordnung, wird im Anschluss der Umriss der Platine mit der Bügelsäge in geraden Schnitten grob ausgesägt. Dabei wird so dicht wie möglich an den Riss herangearbeitet, dieser jedoch auf keinen Fall berührt. Die endgültige Form wird dann mit Flach- und Halbrundfeilen ausgearbeitet. Waren dagegen eine oder mehrere Bohrungen um mehr als einige Zehntelmillimeter verrutscht, ist es meist besser, das Werkstück in die Abfallkiste zu werfen und neu zu beginnen.

Sind Bohrungen und Umriss der Platinen zufriedenstellend, können die beiden aufeinandergeklebten Bleche voneinander gelöst werden. Etwaige Klebstoffreste müssen entfernt werden und, sollte nicht von vornherein mit blankgeschliffenem Stahl gearbeitet worden sein, nun auch die eventuell noch vorhandene Zunderschicht oder Kratzer und Unreinheiten ausgeschliffen werden. Noch ein Wort zu den Ungenauigkeiten, die beim Herstellen der Platinen entstehen, und

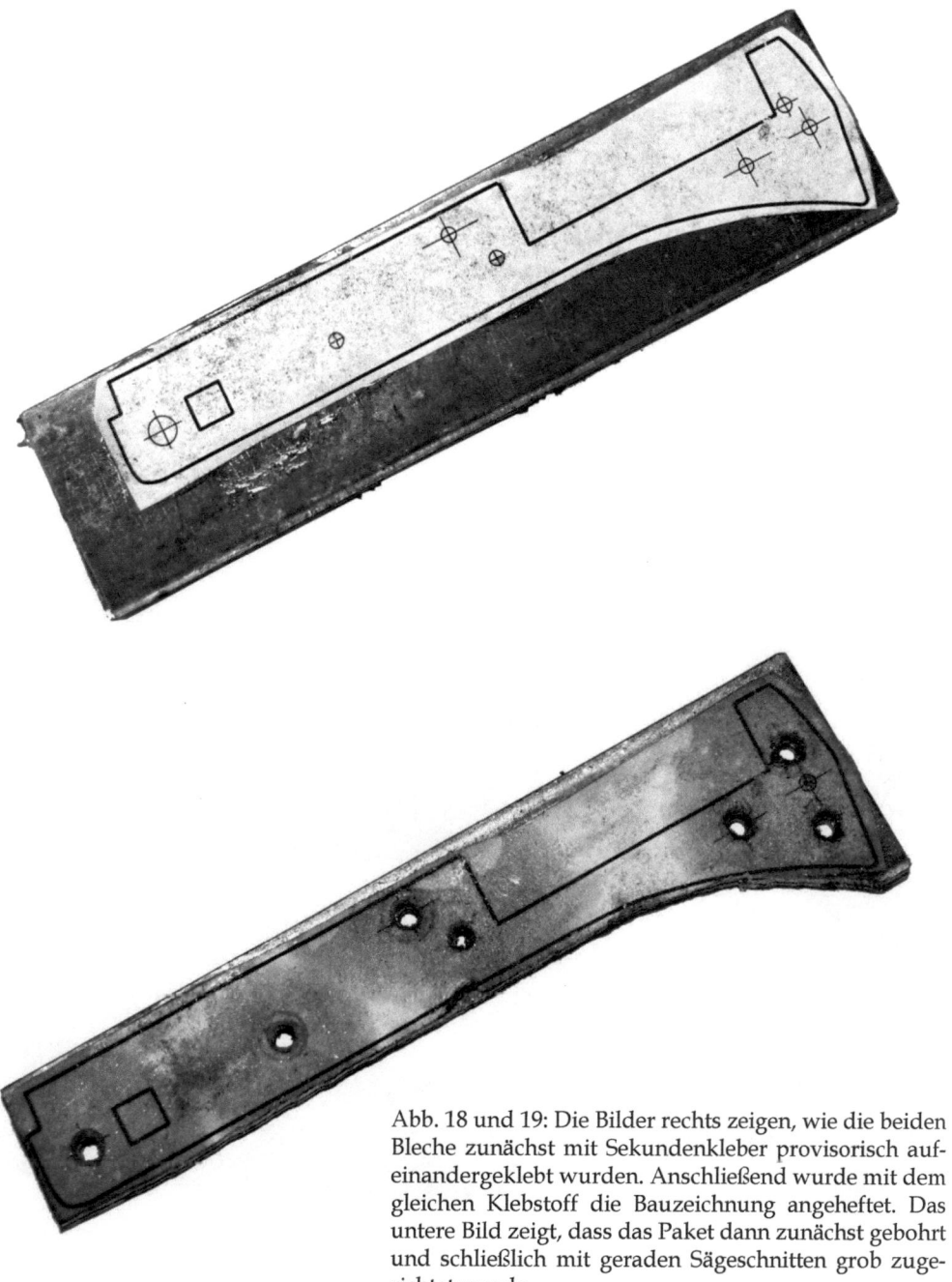

Abb. 18 und 19: Die Bilder rechts zeigen, wie die beiden Bleche zunächst mit Sekundenkleber provisorisch aufeinandergeklebt wurden. Anschließend wurde mit dem gleichen Klebstoff die Bauzeichnung angeheftet. Das untere Bild zeigt, dass das Paket dann zunächst gebohrt und schließlich mit geraden Sägeschnitten grob zugerichtet wurde.

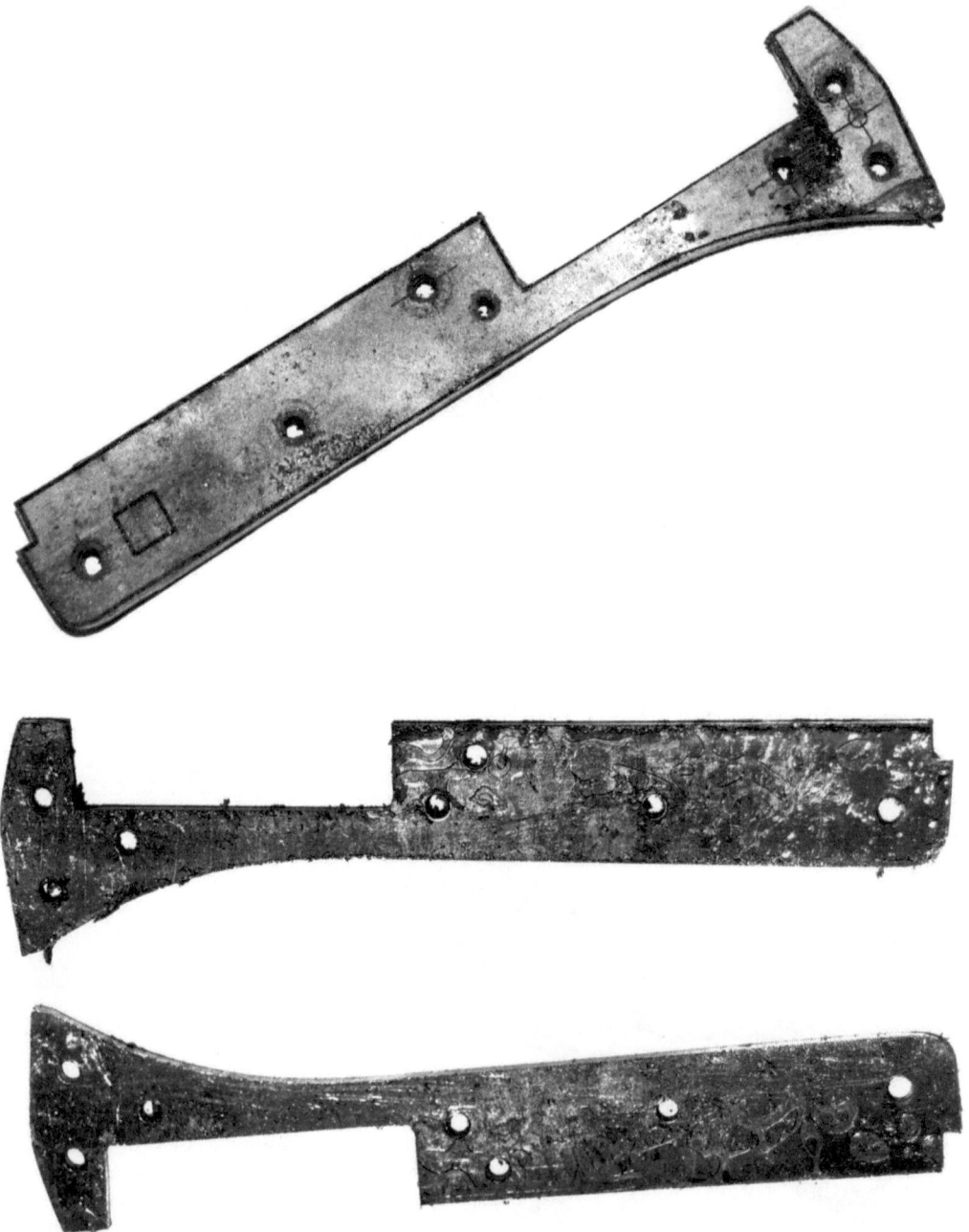

Abb. 20 und 21: Nachdem der genaue Umriss der Platinen mit der Feile ausgearbeitet wurde, können die beiden Elemente wieder voneinander getrennt werden.

eventuell durch Anpassungen an den anderen Bauteilen aufgefangen werden können. Hierbei kann es sich natürlich nur um sehr kleine Toleranzen handeln. Besonders die Bohrung der Klingenachse sollte so genau wie möglich platziert werden. Wandert diese nämlich zu weit in Richtung Griffrücken, hätte dies zur Folge, dass der Federarm am Angriffspunkt zur Klinge zu schmal dimensioniert werden müsste. Hier sollte auf jeden Fall genug Material stehenbleiben, da dies der am höchsten belastete Teil der Mechanik ist und Verschleiß an dieser Stelle die Funktion des Messers alsbald beeinträchtigen würde.

Abb. 22: Anschließend wird die aufgeklebte Bauzeichnung abgekratzt. An der in diesem Bild gezeigten linken Platine wurde nach dem Trennen eine Bohrung angebracht, aus der dann die viereckige Öffnung für den Sperrklotz gefeilt wird.

Abb. 23: Hier ist die viereckige Öffnung für den Sperrklotz fertig. Sie wird im Zuge der Herstellung des Klotzes noch feiner angepasst. Die Oberflächen der Platinen können nun fein geschliffen und damit für das Ansetzen der Backen vorbereitet werden.

Die Backen

Nun können die Backen hergestellt werden. An diesen Bauteilen kann sogleich gezeigt werden, inwieweit die Platinen von nun an als Maßschablonen für alle anderen Bauteile des Messers zu dienen haben. Wieder werden die Bauzeichnungen aus dem Buch kopiert und auf geeignete Blechstücke aufgeklebt. Für das vorliegende Bauprojekt wurde für die Backen das gleiche Stahlblech verwendet, wie schon für die Platinen. War das gewählte Material für Platinen vergleichsweise dick, so ist es für Backen relativ dünn. Es wäre daher durchaus denkbar, stattdessen mit 3 oder 4 mm starkem Blech zu arbeiten. Allerdings ist zu beachten, dass der Auslösehebel auf einer der Backen aufliegt. Sollte diese zu dick dimensioniert sein, würde der Hebel unangenehm weit hervorstehen. Alle vier Backen werden in der Weise hergestellt, dass zunächst die dem Griffmaterial zugewandte Seite als gerade Kante angelegt wird. Mit dieser Bezugskante werden die Backen auf dem Platz auf der Platine ausgerichtet und aufgeklebt. Um die Verklebung bei der Weiterbearbeitung nicht zu sehr zu belasten, werden die Backen zusätzlich

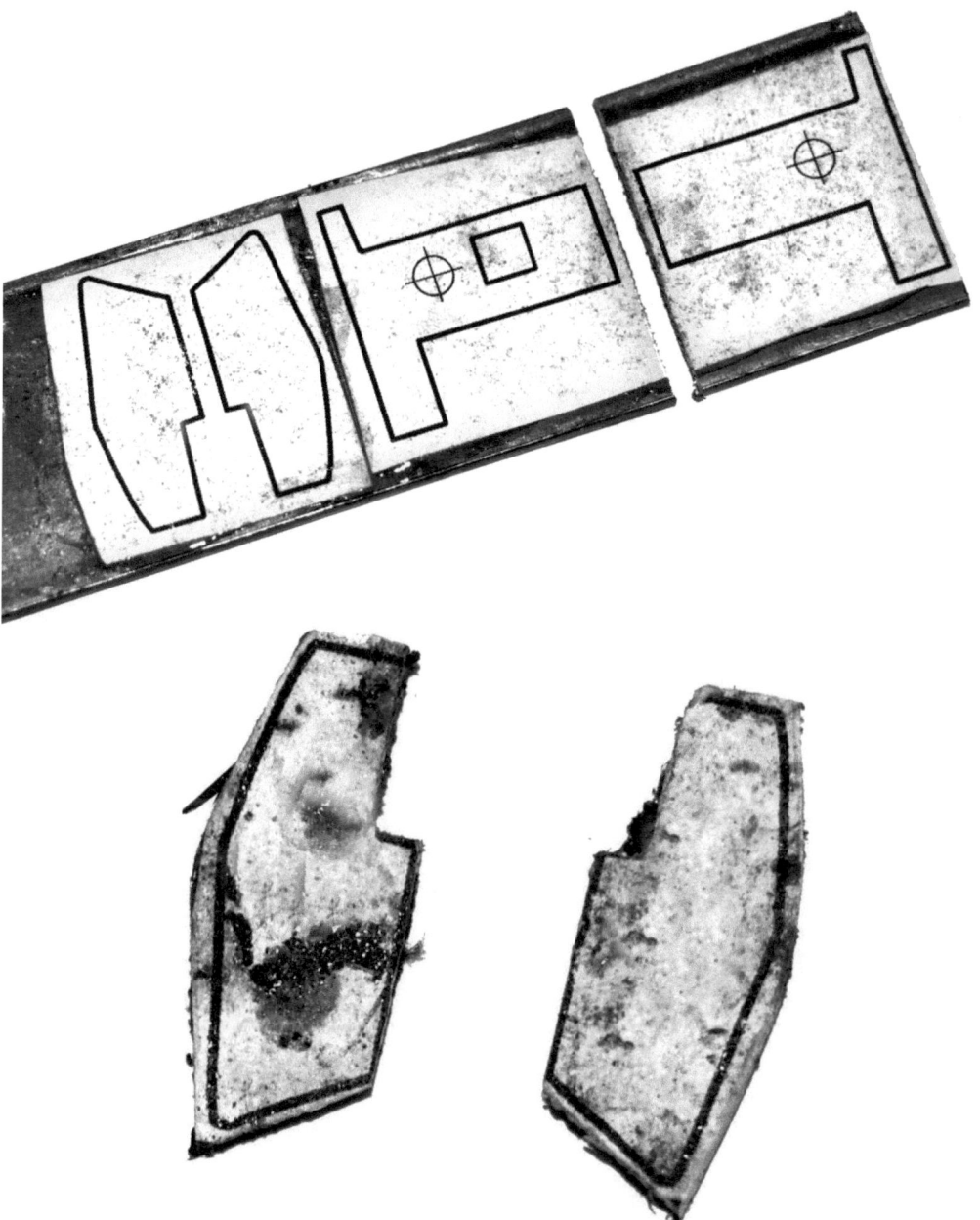

Abb. 24 und 25: Auch für die Fertigung der Backenpaare wird die betreffende Bauzeichnung auf Stahlblech geklebt und die Teile zunächst mit geraden Sägeschnitten grob vorgeformt. Dann wird mit der Feile bis an den Riss herangearbeitet.

Abb. 26: Die Platine ist fein geschliffen, sodass die Backen nun angesetzt werden können.

mit den Platinen verstiftet. Die Lage der Bohrungen dafür ist frei wählbar, da die Stifte nach dem finalen Schliff nicht mehr zu sehen sind. Beim vorliegenden Bauprojekt wurden je zwei Löcher von 2 mm Durchmesser gebohrt und mit aus 2 mm Stahldraht geschnittenen Stiften vernietet. Im Anschluss kann der Umriss mit der Platine als Schablone zunächst grob ausgesägt und dann mit der Feile endgültig angepasst werden. Ist dies erfolgt, werden die in der Platine vorhandenen Bohrungen für Klingenachse und Passstifte wie durch eine Bohrschablone in das Backenmaterial durchgebohrt.

Abb. 27 und 28: Die Backen werden zunächst mit Zweikomponentenklebstoff bestrichen, exakt ausgerichtet und festgespannt. Achtung: Hier keinen schnelltrocknenden Kleber verwenden, da sonst nicht mehr nachkorrigiert werden kann.

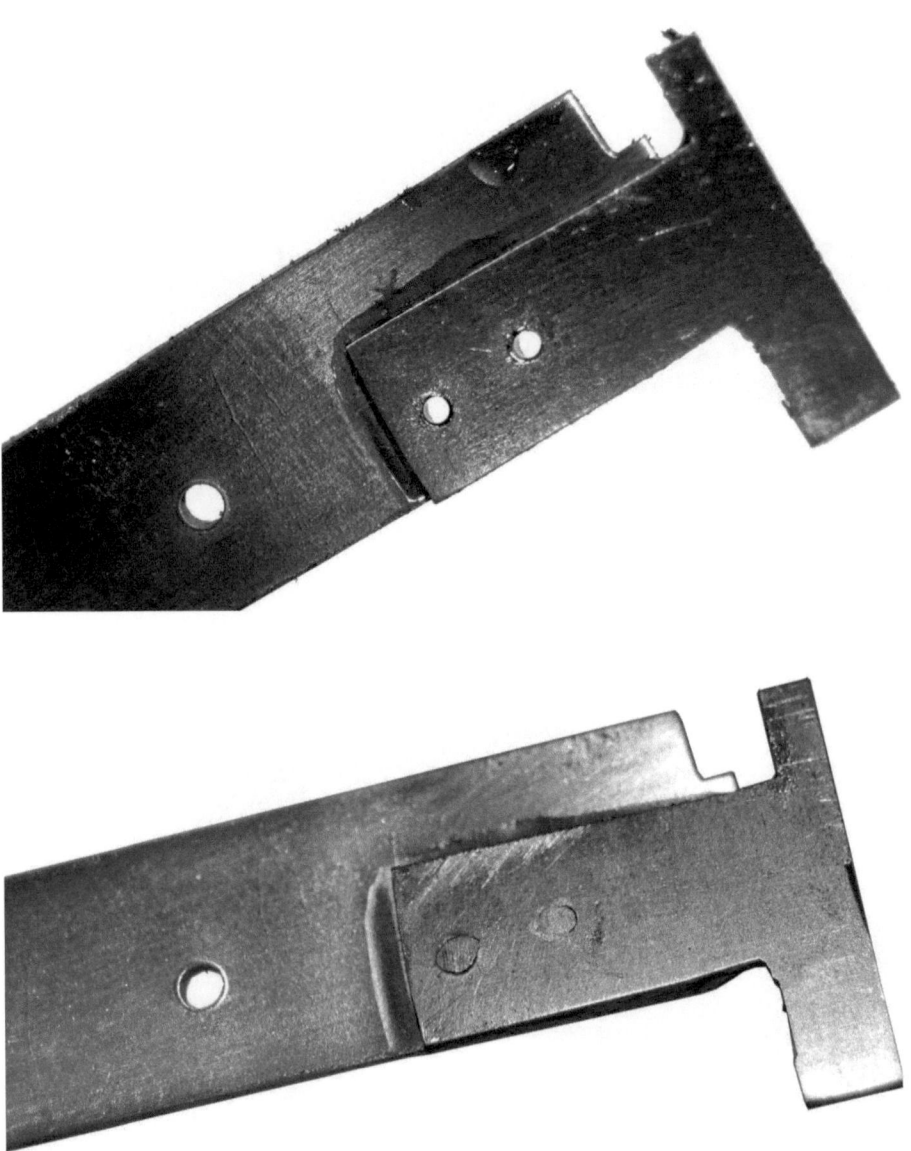

Abb. 29 und 30: Nun werden außerhalb des Bereichs der Klingenachse Löcher von etwa 2 mm Durchmesser gebohrt und die Backen mit Drahtstiften vernietet.

Abb. 31 und 32: Oben sind die noch leicht erhabenen Nieten an der Innenseite der Platine zu erkennen. Sie müssen so weit geglättet werden, bis sie keine fühlbare Erhebung mehr darstellen. Im
unteren Bild sind die Nieten auf der Außenseite bereits korrekt nachbearbeitet – sie sind als solche
mit bloßem Auge kaum noch zu erkennen.

Das Füllstück (Spacer)

Das Füllstück, das am Knauf die beiden Platinen verbindet, kann aus vielen verschiedenen Materialien gefertigt werden. Einzige Voraussetzung ist, dass seine Stärke exakt der von Klinge und Feder entspricht. Aus diesem Grund wurde beim vorliegenden Bauprojekt einfach ein Abfallstück des Klingenstahls dafür verwendet. Wenn es in der entsprechenden Stärke verfügbar ist, könnte ebenso gut Trespa oder ein anderer Kunststoff dafür verwendet werden. In gleicher Weise Aluminium, Messing oder fast jedes andere Metall. Da die Platinen bereits fertiggestellt sind, und diese nahezu den gesamten äußeren Umriss des Füllstücks bestimmen, ist seine Fertigung nun sehr einfach. Lediglich der innenliegende Teil, der im zugeklappten Zustand der Schneide der Klinge zugewandt ist, muss an die tatsächliche Lage der Klinge angepasst werden. Theoretisch ist es möglich, die Schneide der Klinge direkt gegen das Füllstück stoßen zu lassen. Ist dieses allerdings aus Metall gefertigt, ist dies jedoch nicht empfehlenswert, da die Klinge in diesem Bereich abstumpfen würde.

Besser ist, zwischen Füllstück und Schneide bei geschlossenem Messer einen knappen Millimeter Luft zu lassen. Die korrekte Form des Füllstücks lässt sich am besten ermitteln, indem an eine Seite des gewählten Materials der im entsprechenden Bereich der Klinge anliegende Radius der Schneide ausgeformt wird. Dann wird das Material zwischen die Platinen gespannt. Um es exakt ausrichten zu können, muss natürlich die Klinge mit einer locker sitzenden Achse vorläufig eingesetzt werden und auch der Schließmechanismus sollte bereits montiert sein. Zumindest muss bereits das Loch für den Sperrklotz in die linke Platine eingeschnitten und der Sperrklotz bereits gefertigt sein. Nur so kann die exakte Lage der Klinge im geschlossenen Zustand ermittelt und das Füllstück entsprechend ausgerichtet werden. Ist dies erfolgt, werden die zwei Bohrungen, durch die das Füllstück vernietet wird, durch die bereits in der Platine vorhandenen Löcher gebohrt. Sind die Platinen bereits montagefertig, kann das Füllstück direkt mit ihnen vernietet werden. Anschließend wird das überstehende Material um den Umriss des Knaufs und auch in der Aussparung für die Spiralfeder entsprechend abgeschliffen. Damit ist das Füllstück fertiggestellt und auch sogleich montiert.

Abb. 33 und 34 (rechts): Sind die Platinen fertiggestellt, kann das Füllstück angefertigt werden, mit dem sie im Knaufbereich zusammengefügt werden.

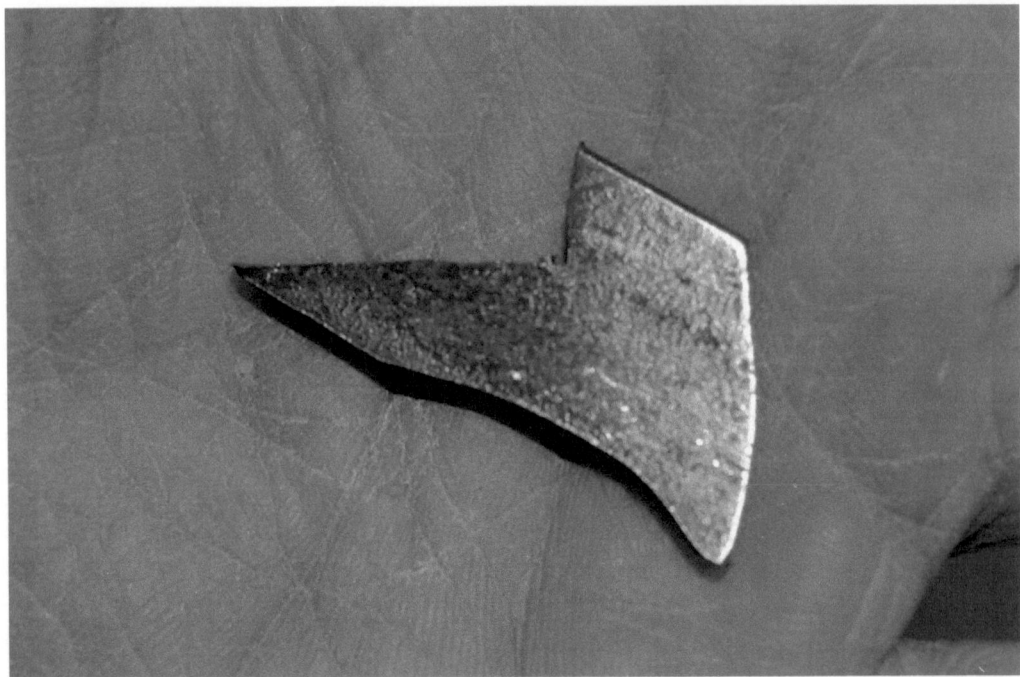

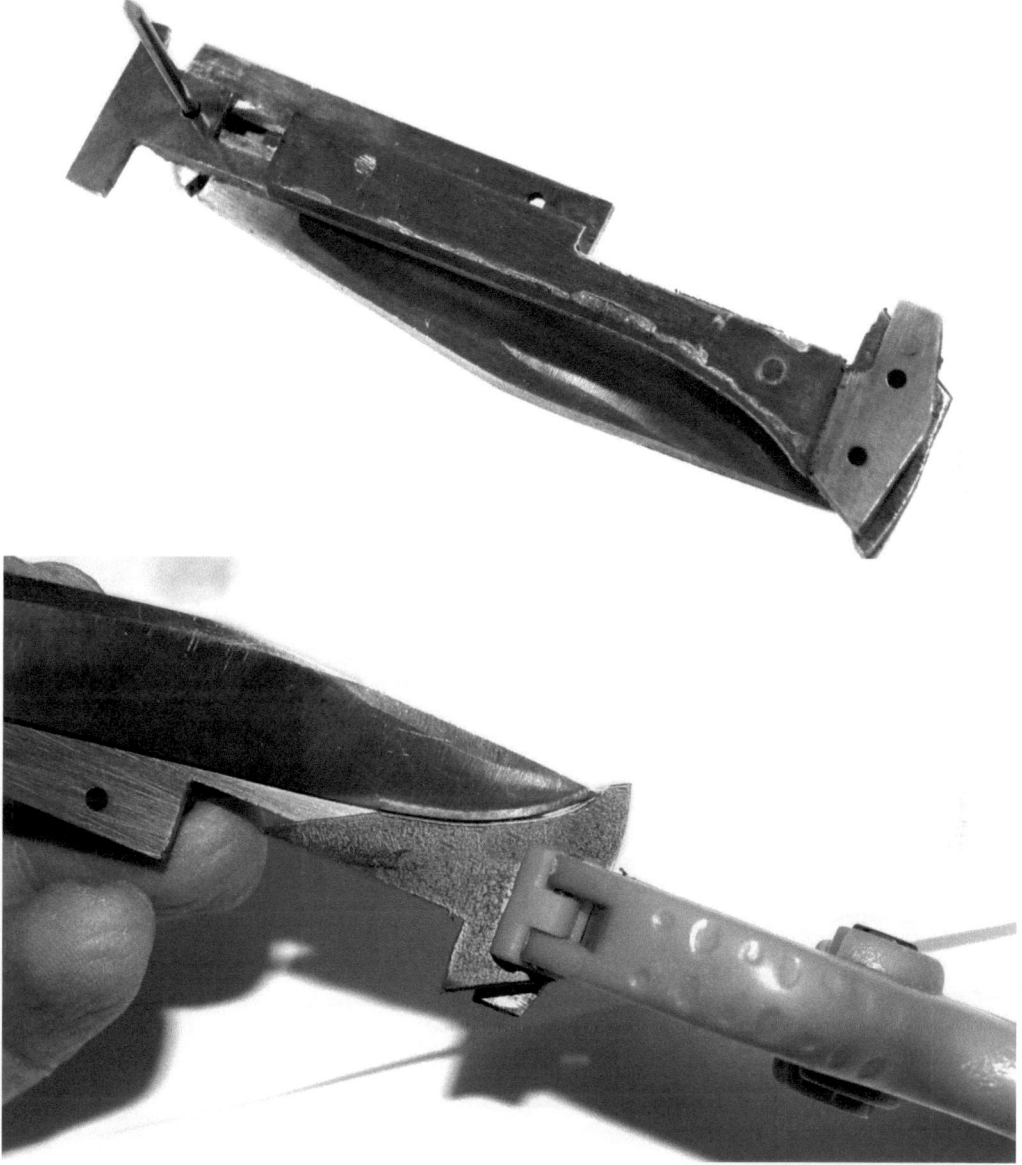

Abb. 35 und 36 (links): Das Füllstück muss zunächst nur grob zugerichtet werden, da es an allen außen liegenden Seiten an die Platinen angepasst werden muss. Das kann erst nach dem Vernieten erfolgen.

Abb. 37 und 38 (oben): Anhand der Lage der Klinge im geschlossenen Zustand wird das Füllstück ausgerichtet und eingeklebt.

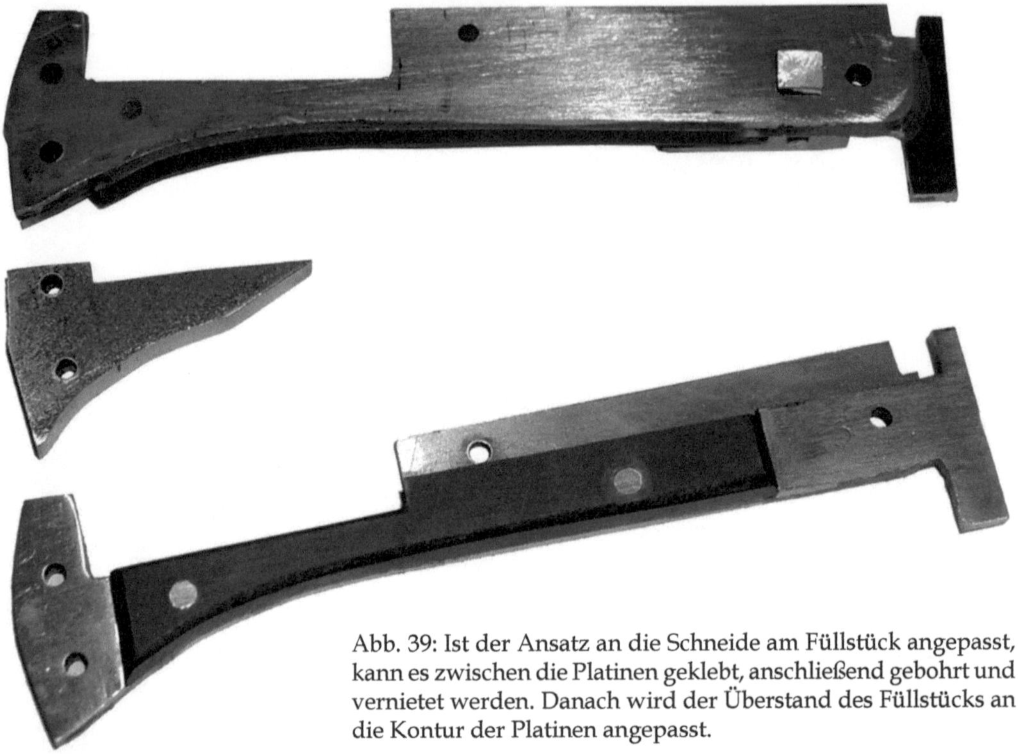

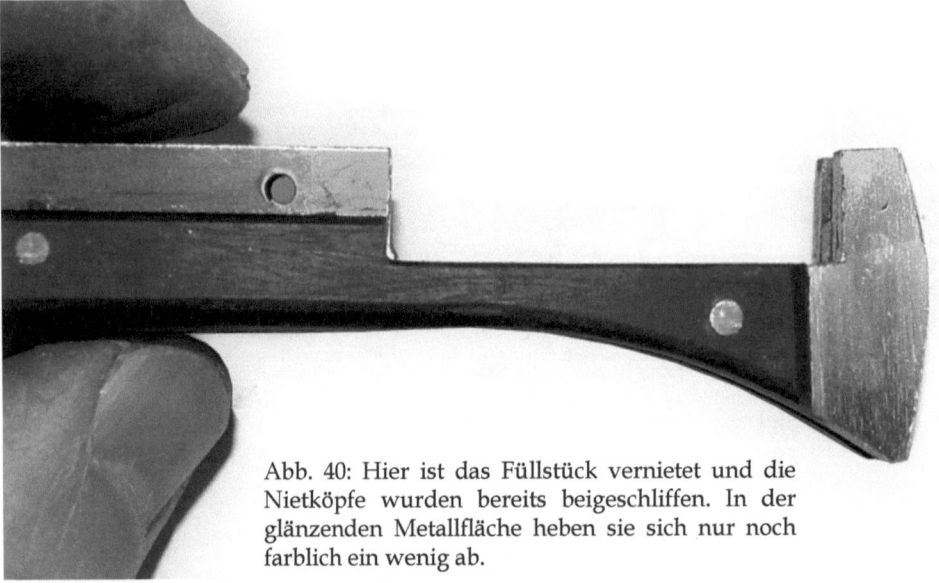

Abb. 39: Ist der Ansatz an die Schneide am Füllstück angepasst, kann es zwischen die Platinen geklebt, anschließend gebohrt und vernietet werden. Danach wird der Überstand des Füllstücks an die Kontur der Platinen angepasst.

Abb. 40: Hier ist das Füllstück vernietet und die Nietköpfe wurden bereits beigeschliffen. In der glänzenden Metallfläche heben sie sich nur noch farblich ein wenig ab.

Abb. 41 und 42: Das Füllstück muss auch im Federschacht an die Kontur der Platinen angepasst werden. So ergibt sich ein gefälliges Bild. Beim vorliegenden Bauprojekt sollen die Kanten der Backen nur wenig gebrochen werden, um dem Messer ein möglichst „technisches" Aussehen zu geben. Natürlich schont es Taschenfutter und Handflächen, wenn die Kanten umlaufend gerundet werden.

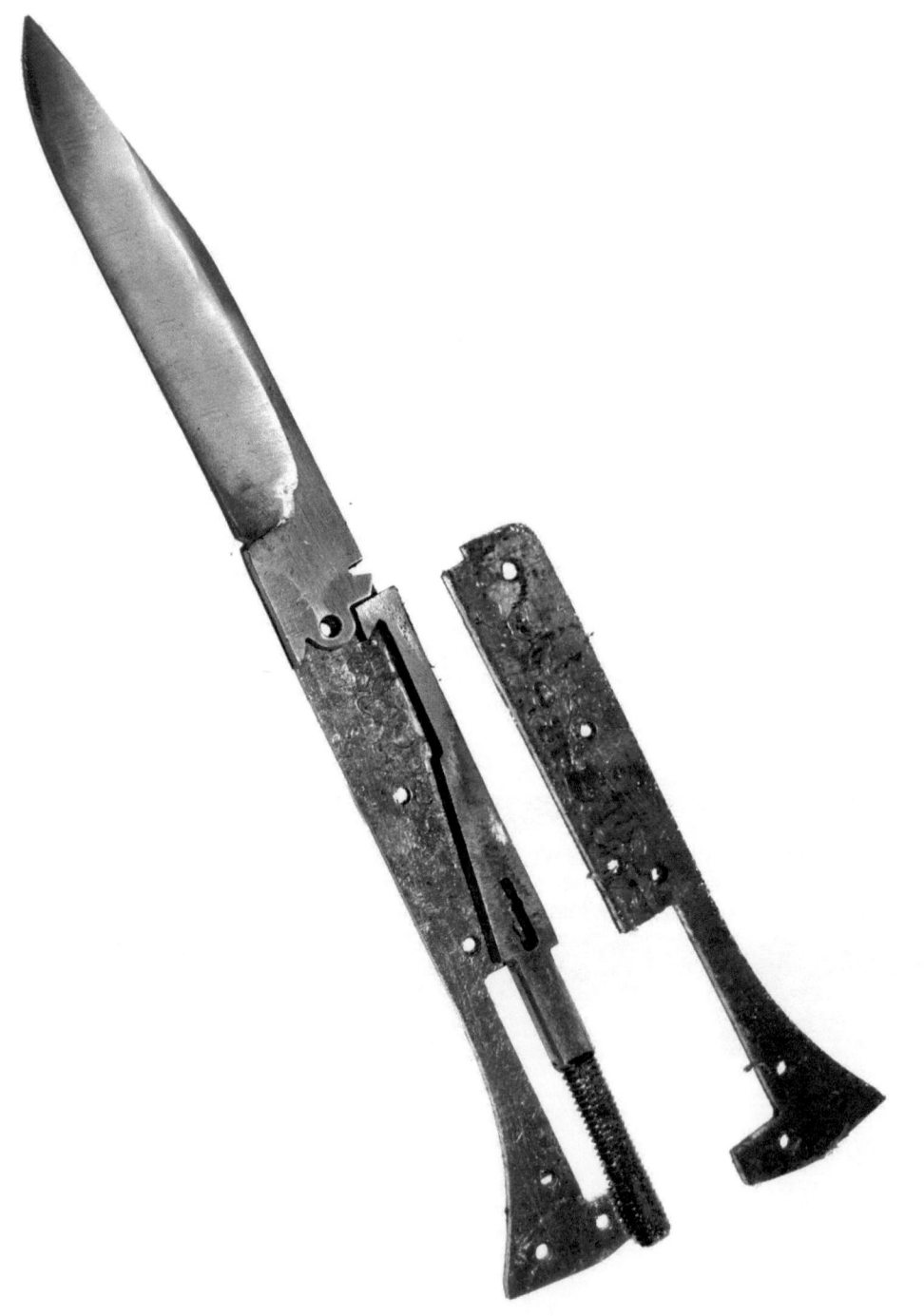

Klinge und Federarm

Klinge und Federarm sollten grundsätzlich aus dem gleichen Material gefertigt werden. Das gilt nicht nur für die Stahlsorte selbst, sondern auch für die Abmessungen: Die Stärke beider Bauteile sollte exakt gleich sein, um eine spätere reibungslose Funktion des Schnappmechanismus zu gewährleisten.

Die Klinge

Zur Herstellung der Klinge sollte zunächst ein Streifen des verwendeten Stahls grob abgelängt werden, also mit einigen Millimetern Zugabe. Dann wird wiederum das entsprechend kopierte Stück Bauzeichnung aufgeklebt. Nun wird eine der beiden bereits fertiggestellten Platinen aufgelegt und zwar genau auf die an der Klingenwurzel markierte Bohrung. Wurde bislang exakt gearbeitet, so muss jetzt der Klingenrücken genau in einer Flucht mit dem Griffrücken verlaufen. Ist dies nicht der Fall, muss die Lage der Klinge korrigiert und die Markierung der Bohrung entsprechend versetzt werden.

Ist die Bohrung der Klingenachse zur Zufriedenheit platziert, kann der Zuschnitt entsprechend der aufgedruckten Linien erfolgen. Sollte es beim Bohren zu Ungenauigkeiten gekommen sein, kann die aufgeklebte Bauzeichnung vom Stahl entfernt, und eine neue Kopie in korrigierter Position neu aufgeklebt werden. Wichtig: Der Klingenrücken muss exakt mit den Griffrücken fluchten! Der Umriss der Klinge wird wiederum zunächst mit geraden Schnitten mit der Bügelsäge ausgesägt und dann die exakte Klingenform mit Flach- und Halbrundfeilen ausgeformt.

Wer einen Bandschleifer hat, kann die Schneidflächen der Klinge mit wenig Aufwand anschleifen. Wer über diese maschinelle Ausstattung nicht verfügt, wird sich mit der Flachfeile genügen müssen. Auch ein Winkelschleifer („Flex") wird von manchen für diese Arbeit bevorzugt. Die Nut für den Verriegelungshebel am Übergang des Klingenrückens zur Klingenwurzel wird zunächst nur grob mit

Abb. 43: Hier wurden Klinge und Federarm schon einmal zur Probe auf die Platinen gelegt. Letzterer ist am Gewinde noch ein wenig zu lang, sodass hier gekürzt werden muss.

einer runden Schlüsselfeile eingeschnitten, ebenso die Kerbe für den Eingriff des Federarms. An diesen Stellen müssen zur einwandfreien Funktion des Messers exakte Passungen vorliegen, sodass diese Einschnitte idealerweise erst bei der Endmontage des Messers vollendet werden sollten. In diesem Stadium kann die Klinge bis auf die genannten Stellen bereits fertig geschliffen werden, gehärtet werden sollte sie jedoch noch nicht, da noch weitere Anpassungsarbeiten erforderlich sind.

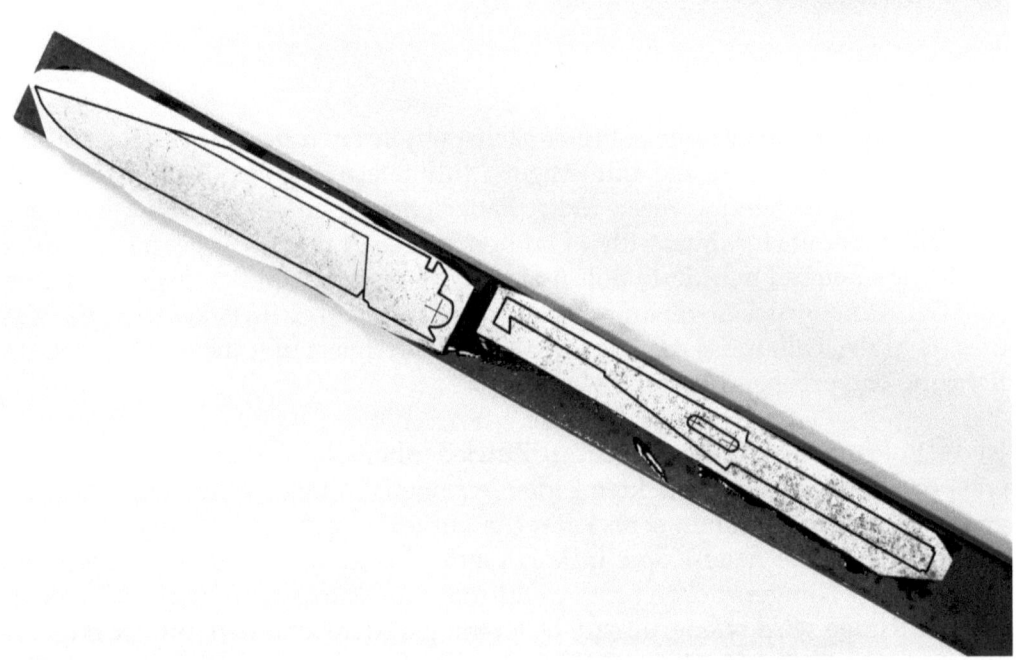

Abb. 44: Hier wurden die Bauzeichnungen von Klinge und Federarm auf einen Streifen Klingenstahl CK-75 geklebt, um sie aus dem Material ausschneiden zu können.

Abb. 45 und 46: Wie im oberen Bild ersichtlich, wird zunächst die Bohrung der Klingenachse platziert, um dann die Kontur der Klinge auszuschneiden und abschließend die Schneidenflächen anzuschleifen.

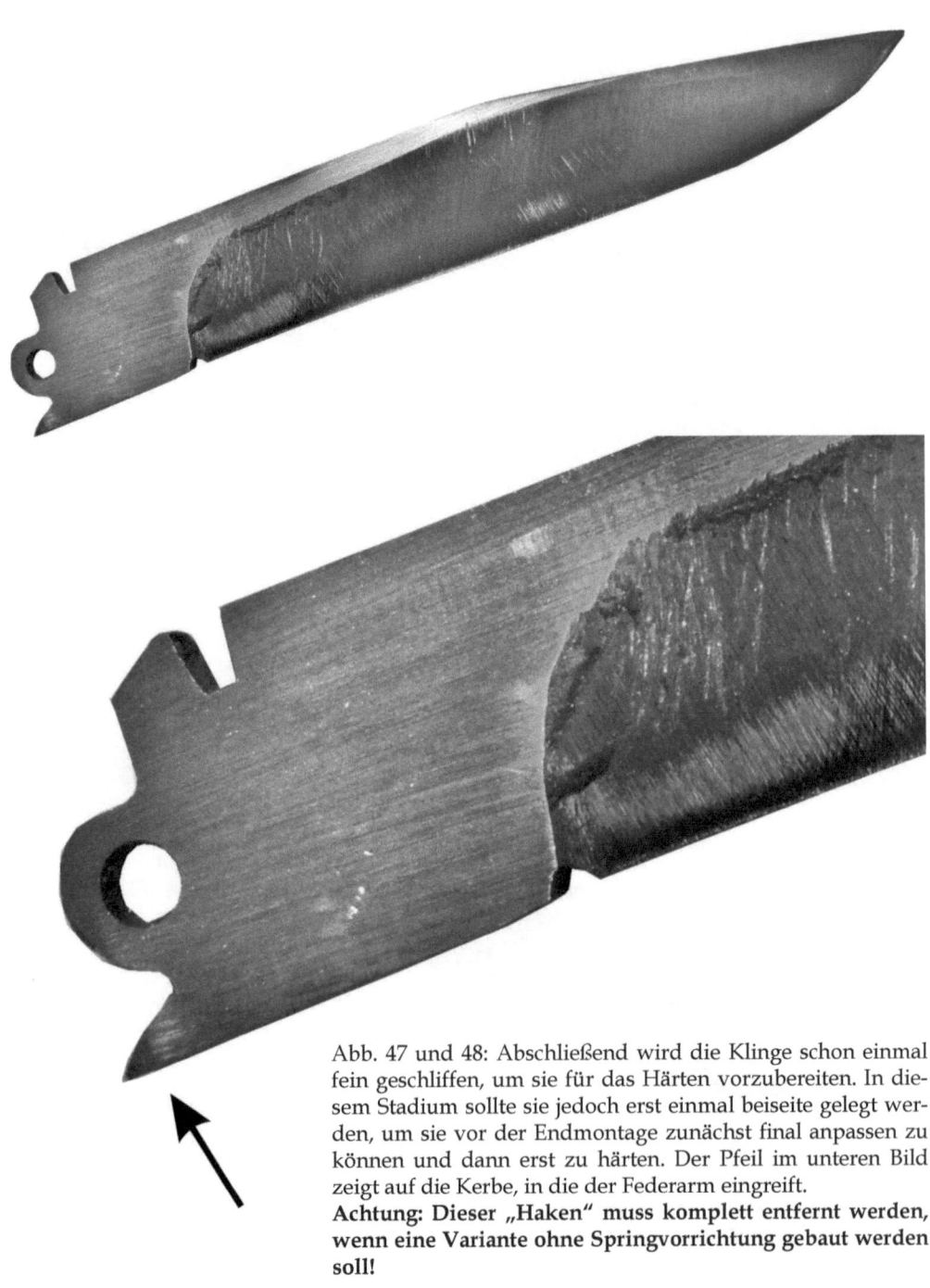

Abb. 47 und 48: Abschließend wird die Klinge schon einmal fein geschliffen, um sie für das Härten vorzubereiten. In diesem Stadium sollte sie jedoch erst einmal beiseite gelegt werden, um sie vor der Endmontage zunächst final anpassen zu können und dann erst zu härten. Der Pfeil im unteren Bild zeigt auf die Kerbe, in die der Federarm eingreift.
Achtung: Dieser „Haken" muss komplett entfernt werden, wenn eine Variante ohne Springvorrichtung gebaut werden soll!

Der Federarm

Die Herstellung des Federarmes beginnt zunächst wie die aller anderen Bauteile des Messers: Sein Umriss und die Lage der Bohrungen werden auf das Material aufgebracht. Wieder ist dies über die aufgeklebte Kopie der Bauzeichnung möglich, ebenso wie das Anreißen anhand einer Pappschablone mit einer Reißnadel.

Knackpunkt bei diesem Bauteil ist, zumindest für die ungeübten Messermacher, das Einschneiden des Langlochs an exakt der richtigen Stelle. Da hier das größte Fehlerpotenzial lauert, empfiehlt es sich wieder, diesen Arbeitsschritt vor alle anderen zu legen. Das Langloch soll 2,5 mm breit werden, daher empfiehlt es sich, seine exakte Mittellinie anzureißen und daran entlang eine Reihe Körnerpunkte im Abstand von jeweils ungefähr 2,5 mm einzuschlagen. Dann wird ein Bohrer von lediglich 2 mm Durchmesser in die Maschine eingespannt und eine Reihe „unterkalibriger" Löcher gebohrt. Die dünnen Verbindungsstege zwischen den einzelnen Löchern können dann mit einem alten Schraubenzieher herausgeschlagen werden. Im Anschluss wird das Loch mit einer dünnen Schlüsselfeile geglättet und die Flanken begradigt. Auf diese Weise lässt sich mit einfachen Handwerkzeugen ein Langloch erzeugen. Ist dies zur Zufriedenheit geglückt und entspricht die Lage des Schlitzes der auf der Bauzeichnung vorgegebenen Stelle, kann der Umriss des Bauteils wieder mit groben Sägeschnitten und Feinarbeit mit der Feile gestaltet werden.

Der Zapfen, der mit einem Gewinde M5 oder M6 versehen werden soll, wird auf den exakten Vorarbeitsdurchmesser des jeweiligen Gewindes zugeschnitten. Also 4,9 mm für das M5 und 5,9 mm für das M6 Gewinde. Beim vorliegenden Bauprojekt betrug die Materialstärke lediglich 4 mm, der Innendurchmesser der zu verwendenden Spiralfeder jedoch 6 mm, sodass hier die Entscheidung auf ein M6 Gewinde fiel. Dies brachte mit sich, dass die Flanken des Gewindeschaftes glatt blieben, das Gewinde also nicht komplett durchgeschnitten war. Dies ist an vielen Ausführungen der russischen Springmesser zu beobachten, beeinträchtigt die Stabilität der Mechanik jedoch nicht wesentlich. Der Autor konnte noch kein Messer untersuchen, an dem das Gewinde der Stellschraube aus diesem Grund beschädigt gewesen wäre.

Am vorderen Ende des Federarms muss der Haken, der die entsprechende Nut an der Klingenwurzel eingreift, so exakt gearbeitet werden, dass er mit wenig Spiel und viel Formschluss in sein Gegenstück greift. Wie bereits beschrieben, sollte hier so exakt wie möglich gearbeitet werden, da von dieser Stelle die Funktion und auch die Dauerhaftigkeit des Schnappmechanismus abhängt.

Abb. 49: Auch für den Federarm wird die Papierscha-blone auf ein Stück CK-75 geklebt. Es ist sehr empfeh-lenswert, für den Federarm das gleiche Material zu ver-wenden, wie für die Klinge. Auch sollten beide Bauteile dem gleichen Härtevorgang unterzogen werden. Nur so ist gewährleistet, dass beide gleich hart sind und sich im Gebrauch nicht gegenseitig beschädigen.

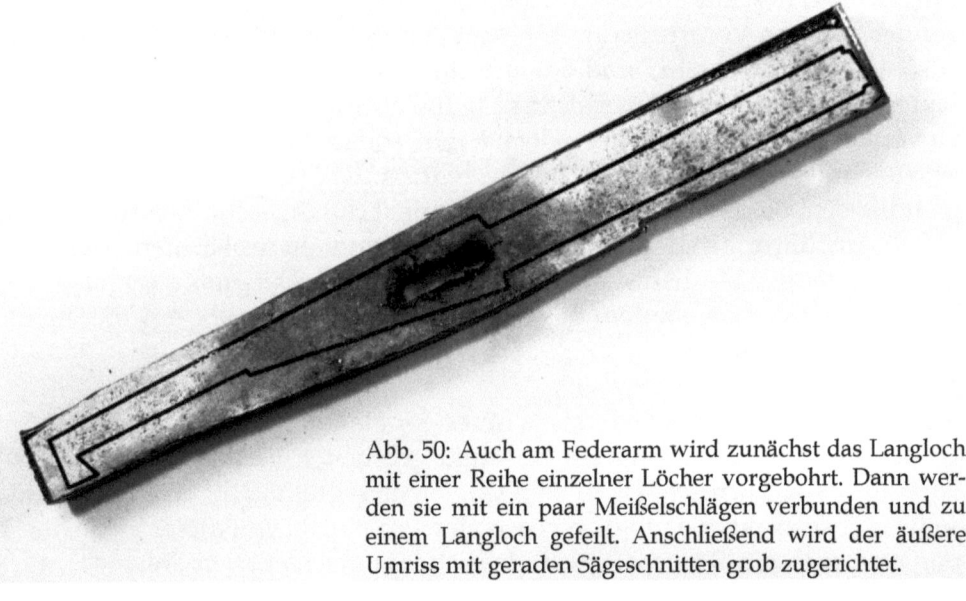

Abb. 50: Auch am Federarm wird zunächst das Langloch mit einer Reihe einzelner Löcher vorgebohrt. Dann wer-den sie mit ein paar Meißelschlägen verbunden und zu einem Langloch gefeilt. Anschließend wird der äußere Umriss mit geraden Sägeschnitten grob zugerichtet.

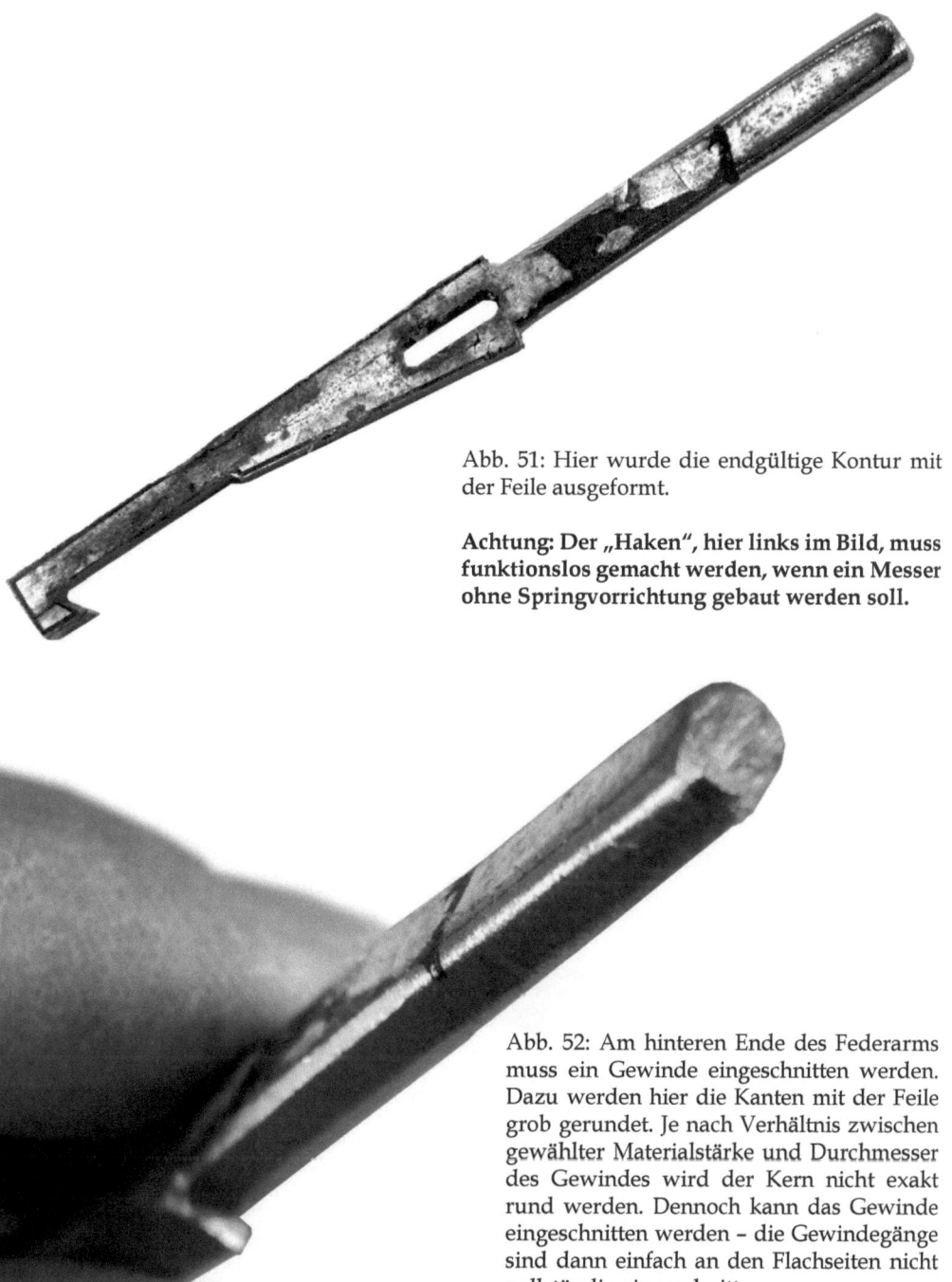

Abb. 51: Hier wurde die endgültige Kontur mit der Feile ausgeformt.

Achtung: Der „Haken", hier links im Bild, muss funktionslos gemacht werden, wenn ein Messer ohne Springvorrichtung gebaut werden soll.

Abb. 52: Am hinteren Ende des Federarms muss ein Gewinde eingeschnitten werden. Dazu werden hier die Kanten mit der Feile grob gerundet. Je nach Verhältnis zwischen gewählter Materialstärke und Durchmesser des Gewindes wird der Kern nicht exakt rund werden. Dennoch kann das Gewinde eingeschnitten werden – die Gewindegänge sind dann einfach an den Flachseiten nicht vollständig eingeschnitten.

Abb. 53: Beim Einschneiden des Gewindes muss behutsam vorgegangen werden – aufgrund der abgeflachten Flanken „überdreht" das Gewinde rasch. Das normalerweise übliche intervallweise Zurückdrehen um den Span zu brechen, kann man sich in diesem Fall ersparen, da der Span an den Flachseiten ohnehin endet.

Abb. 54: Der Federarm mit fertig eingeschnittenem Gewinde. Je nach Innendurchmesser der verwendeten Spiralfeder kann es günstiger sein, das Gewinde über die gesamte Länge der Feder einzuschneiden, da sie sich an einem möglichen Absatz am Übergang des Gewindes verhaken könnte.

Abb. 55: Ein Gewinde mit abgeflachten Flanken ist typisch für viele der russischen Springmesser.

Nun ist der Federarm fertiggestellt, sollte aber zunächst noch beiseite gelegt werden und erst nach dem endgültigen Einpassen nach der probeweisen Vormontage der fertigen Messerteile zum Härten gegeben werden. Sollte beispielsweise das Langloch doch noch ein wenig zu schmal geraten sein, wäre es sehr schwierig, es in dem bereits gehärteten Stahl anzupassen.

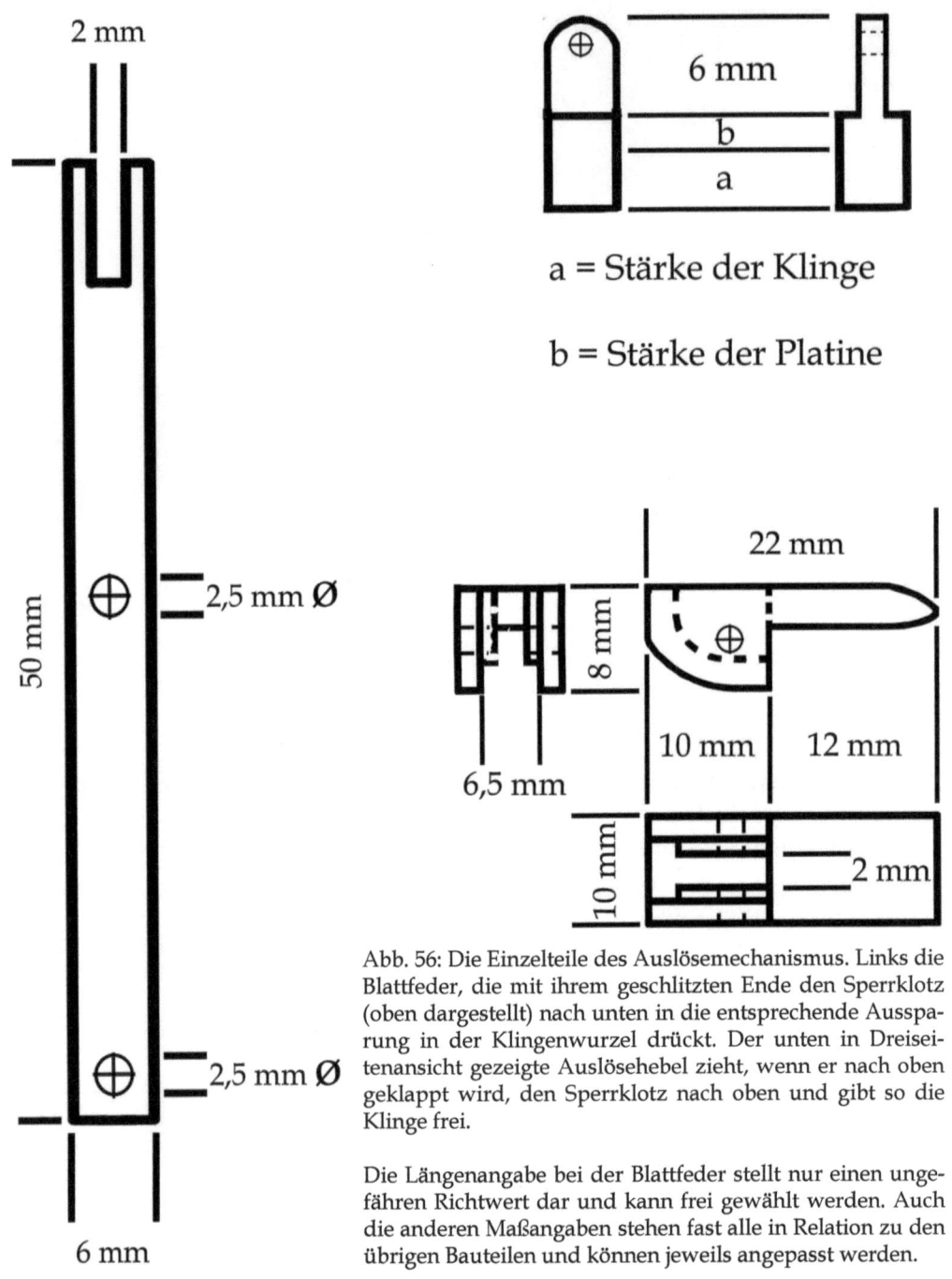

a = Stärke der Klinge

b = Stärke der Platine

Abb. 56: Die Einzelteile des Auslösemechanismus. Links die Blattfeder, die mit ihrem geschlitzten Ende den Sperrklotz (oben dargestellt) nach unten in die entsprechende Aussparung in der Klingenwurzel drückt. Der unten in Dreiseitenansicht gezeigte Auslösehebel zieht, wenn er nach oben geklappt wird, den Sperrklotz nach oben und gibt so die Klinge frei.

Die Längenangabe bei der Blattfeder stellt nur einen ungefähren Richtwert dar und kann frei gewählt werden. Auch die anderen Maßangaben stehen fast alle in Relation zu den übrigen Bauteilen und können jeweils angepasst werden.

Der Auslösemechanismus

Der Auslösemechanismus besteht im Wesentlichen aus drei Bauteilen: Dem Auslösehebel, dem Sperrklotz und der Blattfeder, die den Klotz in Position hält. Als erstes sollte der Sperrklotz angefertigt werden. Er besteht aus einem Vierkantstab von etwa 4 bis 6 mm Seitenlänge. Das genaue Maß ist unwesentlich, jedoch sollte es bei einem Messer mit Klingenlänge von 8,5 cm nicht außerhalb des genannten Bereichs liegen. Der Sperrklotz ist ein stark belastetes Bauteil, daher sollte er aus härtbarem Stahl gefertigt werden, beispielsweise CK-75. Idealerweise wird deshalb der Vierkantstab einfach aus einem Abfallstück ausgesägt, das bei der Herstellung von Klinge und Federarm angefallen ist – vorausgesetzt dessen Stärke lag nicht unter 4 mm. Die Länge des Sperrklotzes ergibt sich aus der Klingenstärke, der Stärke der Platine sowie einer Zugabe von 6 mm für die Öse, durch die die Achse des Auslösehebels verläuft. Die Zeichnung oben auf der linken Seite verdeutlicht diese Zusammenhänge.

Abb. 57: Der Sperrklotz wird aus einem Vierkantstab gefertigt, der zu Beginn des Fertigungsprozesses an das bereits in die linke Platine geschnittene Loch angepasst wird.

Als Erstes wird die Bohrung für die Achse des Auslösehebels angebracht. Ist dies gelungen, wird das entsprechende Stück des Materials sauber abgelängt. Als Nächstes werden die Absätze der Öse eingeschliffen. Nachdem die Öse am oberen Ende gerundet wurde, ist der Sperrklotz bereits fertiggestellt und kann gehärtet werden. Das Härten von Kleinteilen wird weiter unten bei der Herstellung der Blattfeder beschrieben. Nun muss in der linken Platine eine passende Öffnung für den Sperrklotz angebracht werden. Dazu wird in der Position des Sperrklotzes zunächst ein Loch gebohrt, das etwas kleiner als der Querschnitt des Sperrklotzes ist. Dieses wird dann mit einer Vierkant-Schlüsselfeile auf das Maß des Sperrklotzes gebracht, sodass dieser sich ohne nennenswertes Spiel einführen lässt.

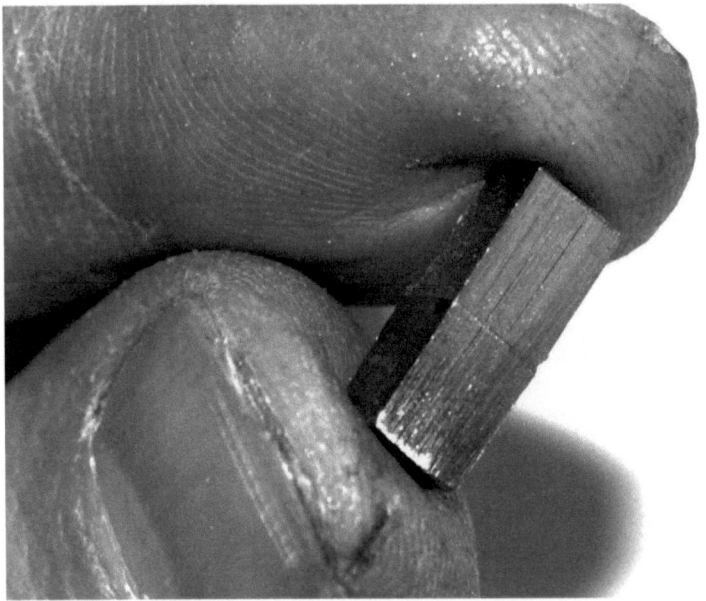

Abb. 58 (diese Seite): Im nächsten Schritt wird der Sperrklotz abgelängt. Seine Länge ist abhängig von der Stärke der Klinge, der Platine, der Blattfeder und der Lage des Lochs im Auslösehebel. Im Bild auf dieser Seite ist bereits die Lage des Absatzes angerissen.

Abb. 59 (rechts oben): Der erste Absatz wurde grob mit der Feile angeschnitten.

Abb. 60 (rechts unten): Hier sind beide Absätze vorgeformt.

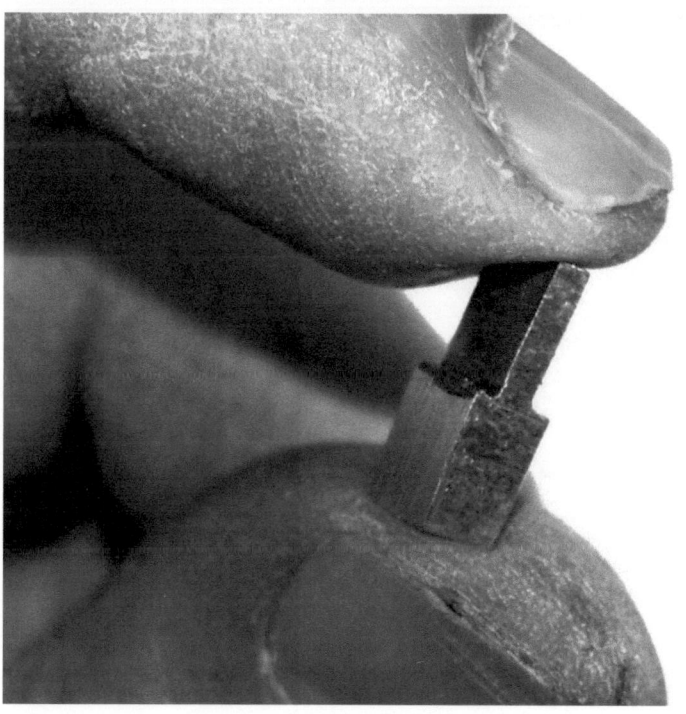

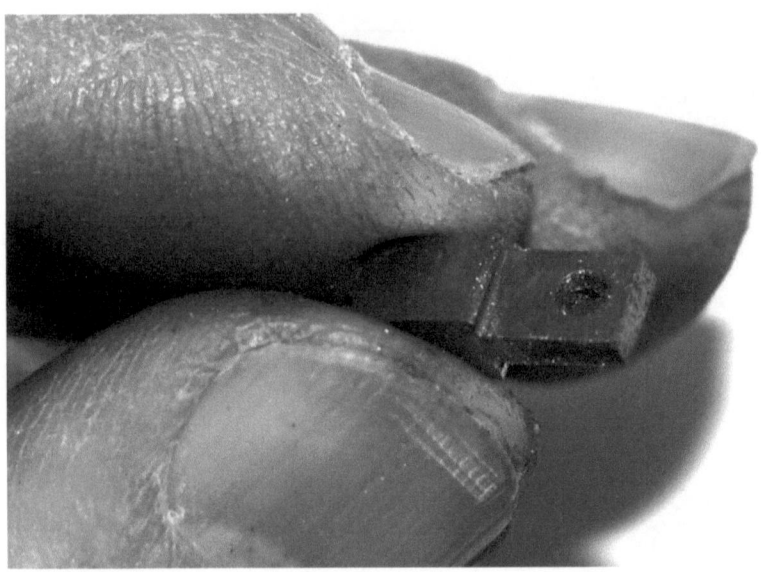

Abb. 61 und 62: Nun wird das Loch für die Achse des Auslösehebels eingebohrt – wer über keinen oder nur einen schlechten Bohrständer verfügt, ist gut beraten, das Loch zuallererst in den Vierkantstab zu bohren und ihn nur dann weiterzubearbeiten, wenn die Bohrung geglückt ist.

In diesem Fall ist alles gut gegangen und die entstandene Öse kann im nächsten Schritt oben gerundet werden.

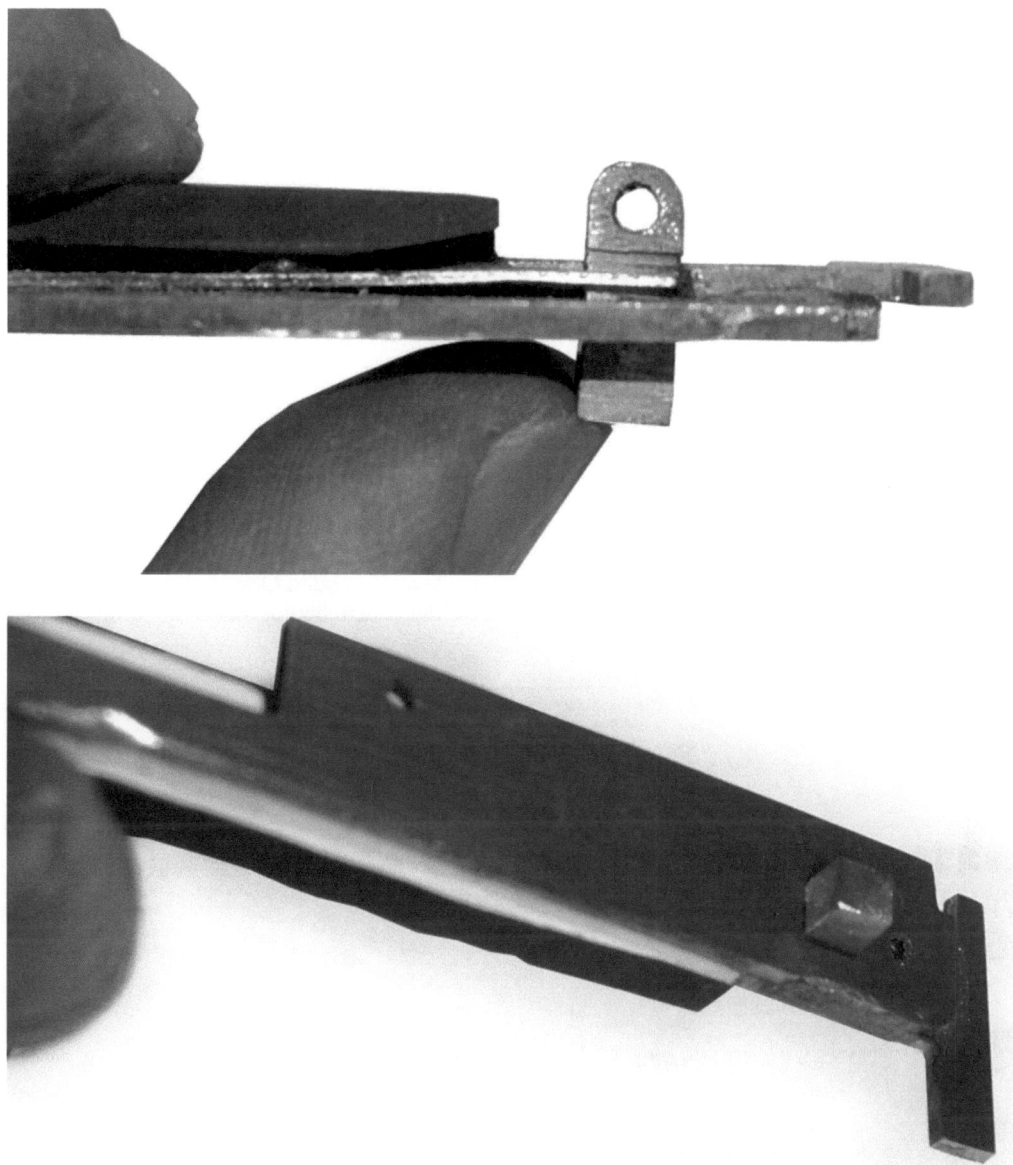

Abb. 63 und 64: Hier wurden Blattfeder und Griffschale bereits auf die linke Platine genietet und der Sperrklotz probeweise eingepasst. Das Ergebnis ist zufriedenstellend. Lediglich die Länge des Klotzes muss noch endgültig angepasst werden, da er im Moment noch um mehr als die Klingenstärke aus der Platine herausragt. Im unteren Bild ist zu erkennen, dass die Griffschale zwar schon endgültig verklebt und genietet, aber ihr Umriss noch nicht an den der Platine angepasst wurde.

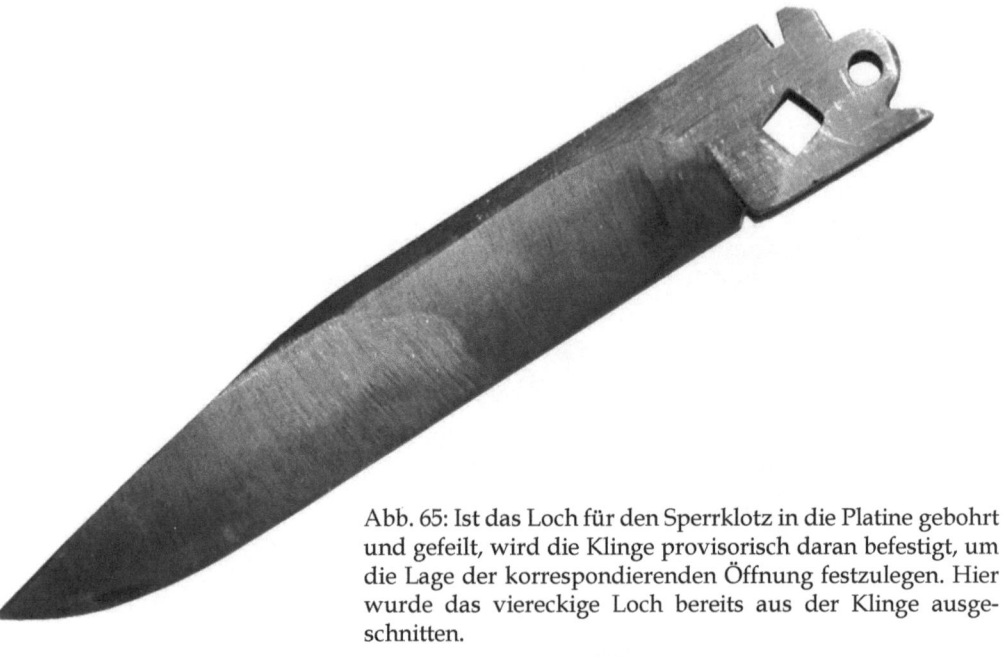

Abb. 65: Ist das Loch für den Sperrklotz in die Platine gebohrt und gefeilt, wird die Klinge provisorisch daran befestigt, um die Lage der korrespondierenden Öffnung festzulegen. Hier wurde das viereckige Loch bereits aus der Klinge ausgeschnitten.

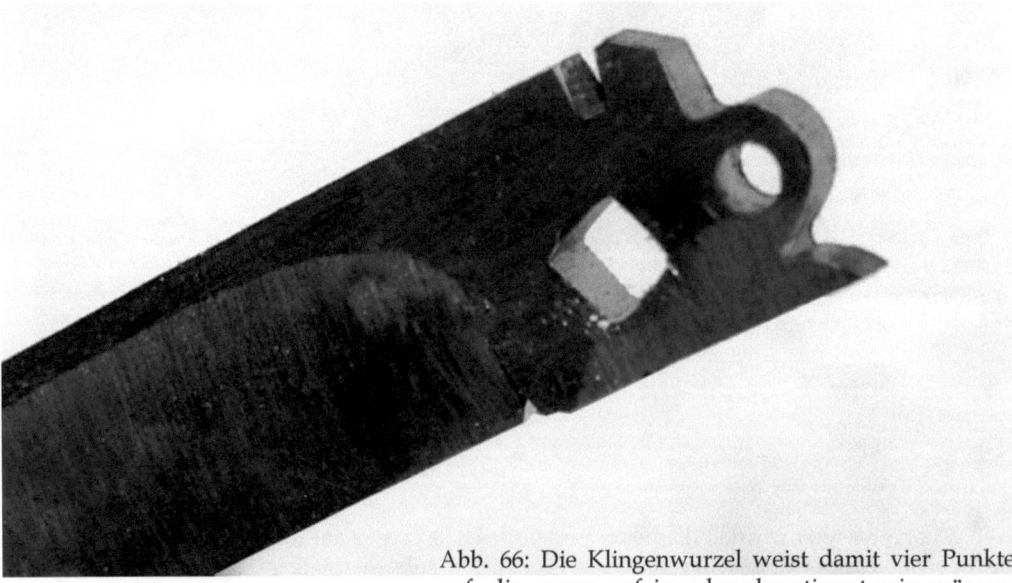

Abb. 66: Die Klingenwurzel weist damit vier Punkte auf, die genau aufeinander abgestimmt sein müssen: Die Bohrung der Klingenachse, die Kerbe, in die der Federarm eingreift, das Loch für den Sperrklotz sowie die Nut für das Verriegelungsstück.

Die Blattfeder

Im nächsten Schritt kann die Blattfeder gefertigt werden. Sie ist kein hoch belastetes Bauteil, sodass sie aus einem alten Metallsägeblatt hergestellt werden kann. Da an ihr auch zwei Bohrungen angebracht werden müssen, sollte das Material bereits am Anfang der Bearbeitung mit der Lötlampe weichgeglüht werden. Dann werden die Abmessungen der Feder auf dem Sägeblatt angerissen und die zwei 2,5 mm Löcher im mittleren und hinteren Bereich gebohrt. Dazu wird das Sägeblatt mit der aufgezeichneten Feder auf die bereits fertiggestellte linke Platine gespannt, und zwar korrekt ausgerichtet mit dem vorderen Ende über dem Vierkantloch des Sperrklotzes und den beiden 2,5 mm Löchern, durch die die Feder später mit der Platine vernietet wird. Nun können die Löcher durch die Platine als Bohrschablone in das Sägeblatt gebohrt werden. Im Anschluss wird das Sägeblatt von der Platine losgespannt und der Umriss der Feder ausgeschnitten und auf Maß geschliffen. Dann wird es mit einer schmalen Schlüsselfeile am vorderen Ende geschlitzt. Abschließend muss das Material wieder gehärtet werden. Dafür wird die Feder durch eines der Bohrlöcher an einen Draht gehängt und das Werkstück dann mit einer Gasflamme kirschrot geglüht. Hat die Feder auf der ganzen Länge die gleiche leuchtende Farbe erreicht, lässt man sie, ohne Zeit zu verlieren, in einen Becher mit Altöl fallen.

Achtung: Brandschutzmaßnahmen ergreifen! Denn es ist möglich, dass sich das Öl entzündet.

Abb. 67: Als Material wird beim vorliegenden Bauprojekt ein altes Metallsägeblatt verwendet. Da zwei Bohrungen angebracht werden müssen, muss das Blatt vor dem Bearbeiten weichgeglüht werden. Durch erneutes Glühen und Abschrecken in Öl lässt sich nach der Fertigstellung aber leicht wieder eine für dieses gering belastete Bauteil hinreichende Härte erzielen.

Nach dem Abschrecken muss die Feder noch angelassen werden, ansonsten ist sie zu spröde und würde im Gebrauch zu leicht brechen. Dazu wird sie mit 220er Schleifpapier blank geschliffen. Dann wird sie vorsichtig in die Nähe der Flamme der Lötlampe gehalten, jedoch ohne die Flamme selbst zu berühren. Verfärbt sich die Feder hell- bis türkisblau, ist sie angelassen und man lässt sie langsam abkühlen. Auf keinen Fall darf sie beim Anlassen noch einmal in einer kalten Flüssigkeit abgeschreckt werden. Nach dem Anlassen wird die Feder noch einmal feingeschliffen und ist nun einbaufertig.

Abb. 68: Im Bild links oben wird deutlich, wie die Blattfeder aus dem Sägeblatt gewonnen wird. Zunächst wird die gezahnte Kante so weit abgeschliffen, bis das Blatt auf die gewünschte Federbreite verjüngt ist. Dann wird sie abgelängt und im vorderen Teil mit einer passenden Schlüsselfeile geschlitzt.

Abb. 69: Links unten wurde die fertiggestellte Feder bereits an ihren Platz auf der linken Platine aufgeklebt. Nun können die zwei Nietlöcher durch die bereits in der Platine befindlichen durchgebohrt werden.

Abb. 70: Oben ist bereits ein Nietstift in ein Loch eingesetzt worden und muss jetzt nur noch mit dem Hammer gestaucht und anschließend beigeschliffen werden.

Der Auslösehebel

Das am aufwendigsten zu fertigende Bauteil des Auslösemechanismus ist der Auslösehebel. Er muss aus massivem Material gearbeitet werden, daran führt leider kein Weg vorbei. Beim vorliegenden Bauprojekt wurde er aus Baustahl St-37 gefertigt, denkbar wäre aber auch jeder andere Stahl, Messing oder Neusilber. Auch die Form kann jeder Messerbauer für sich bestimmen, der Hebel muss zum Auslösen des Messers lediglich in der Lage sein, den Sperrklotz um das Maß a, also die Stärke der Klinge, nach oben zu bewegen. Beim vorliegenden Projekt waren dies 4 mm. Der Auslösehebel wurde nach der nebenstehenden Zeichnung gefertigt, aus Flachmaterial von 8 mm Stärke. Wieder wird zuallererst das Loch für die Achse des Hebels gebohrt. Ist dies geglückt, wird die Form grob mit geraden Sägeschnitten zugerichtet und dann mit der Feile auf das Endmaß gebracht. Auch die Schlitze werden mit einer schmalen Flach- bzw. einer Schlüsselfeile eingeschnitten. Wichtig für die Funktion ist die exzentrische Rampe, die beim Hochschwenken des Hebels den Sperrklotz nach oben zieht. Der restliche Hebel kann nach dem ästhetischen Empfinden des Messermachers geformt werden, also mehr oder weniger stark geschwungen, mit scharfen oder gerundeten Kanten. Beim vorliegenden Projekt wurde der Hebel gerade ausgeführt, mit gerundeten Kanten.

Abb. 71 (links), 72 und 73: Der Auslösehebel muss aus dem Vollen gearbeitet werden. Dabei muss es sich nicht zwingend um Stahl handeln, im Grunde ist nahezu jedes ausreichend beständige Material geeignet. Dabei ist lediglich zu beachten, dass der Hebel relativ weit hervorsteht und beim Fallen des Messers auf einen harten Untergrund verbiegen oder brechen könnte.

Abb. 74 und 75: Nachdem ein rechtwinkliger Quader mit den Außenmaßen des Hebels erzeugt wurde, wird wieder zuallererst die Bohrung vorgenommen. Ist dies geglückt, wird der Schlitz zur Aufnahme der Öse des Sperrklotzes mit der Feile eingeschnitten. Im Anschluss wird der große Absatz an der Unterseite des Hebels angerissen und zunächst grob, noch mit etwa einem halben Millimeter Abstand vom Riss, zurechtgesägt.

Abb. 76 und 77: Nach dem Zuschnitt sieht der Hebel zunächst so aus.

Abb. 78 und 79: Nachdem auch der Absatz bis an den Riss zurechtgefeilt wurde, sollte das Ergebnis zunächst so aussehen, wie auf den vier kleinen Bildern oben. Dann werden die scharfen Kanten gebrochen und auf Wunsch auch gerundet.

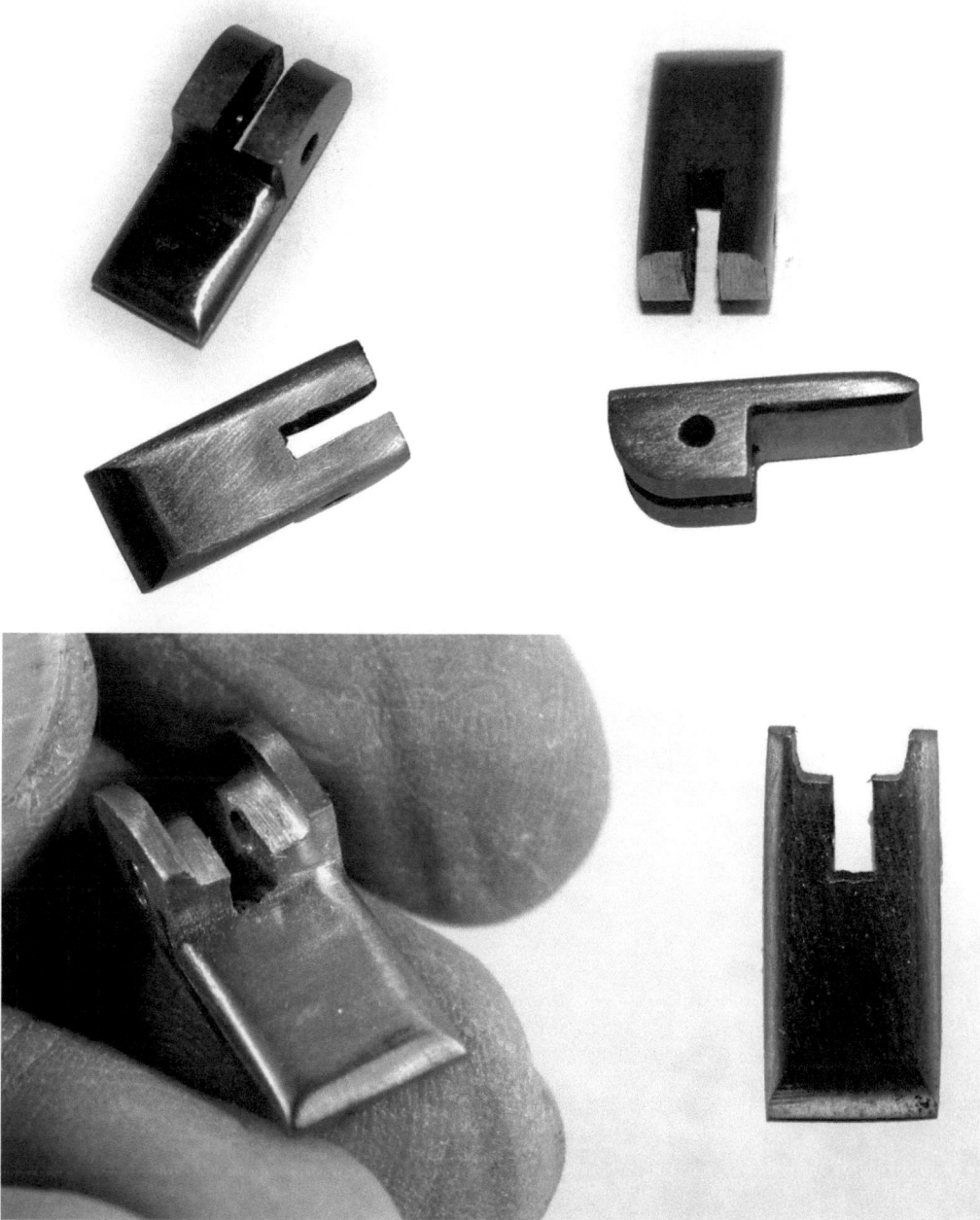

Abb. 80 und 81: Mit gerundeten Kanten sieht das Ergebnis beim vorliegenden Bauprojekt so aus, wie auf den vier Bildern oben auf dieser Seite. Zu guter Letzt muss nur noch die breite Nut eingeschnitten werden, in die beim Anheben des Sperrklotzes die Blattfeder hineingleitet.

Die Griffschalen

Die Wahl des Griffmaterials ist bei diesem Bauprojekt ganz von den persönlichen Vorlieben des Messermachers oder dessen Kunden bestimmt. Aus technischer Sicht sollte fast jedes Material geeignet sein, sowohl natürlicher als auch synthetischer Beschaffenheit. Beim vorliegenden Messer sollte ein Kunststoff Verwendung finden, der nach Möglichkeit dem an sowjetischen und russischen Waffen und militärischer Ausrüstung verwendeten Material gleichen sollte. Die Wahl fiel letztendlich auf eine dekorative Hochdruck-Schichtpressstoffplatte (HPL), die unter dem Markennamen TRESPA hauptsächlich für den Fassadenbau vertrieben wird. Sie ist in gut sortierten Baumärkten in verschiedenen Stärken zu Quadratmeterpreisen zwischen 30,- und 60,- Euro im Zuschnitt erhältlich. Das Material besteht aus feinen Holzfasern, die in thermohärtenden Harzen zu einem extrem harten und widerstandsfähigen Kunststoff gepresst wurden. Die technologischen Eigenschaften ähneln denen von Micarta. Die Oberflächen sind beidseitig weiß, schwarz oder farbig lackiert. Diese Lackierung muss bei der Verwendung als Griffmaterial entfernt werden, da sie nicht ausreichend kratzfest ist und das Messer nach einiger Zeit des Gebrauchs unansehnlich würde. Die meisten Baumärkte schneiden Plattenmaterial nicht unter 10 cm Breite zurecht, sodass Messermacher sich minimal beispielsweise ein Stück von 10 x 30 cm zuschneiden lassen können. Daraus können sie dann die Griffschalen von mehreren Messern herstellen, zu einem Bruchteil des Preises von Micarta oder G-10.

Die Fertigung der Griffschalen läuft nach dem immer gleichen Muster ab: Übertragen des Umrisses auf das Material und grobes Zurichten der Werkstücke mit der Säge. Bei den Griffschalen besteht die größte Herausforderung für den ungeübten Messerbauer darin, sie exakt zwischen den bereits an den Platinen befestigten Backen einzupassen. An den Längsseiten lässt man zunächst noch einige Millimeter Material stehen, das dann nach Montage der Griffschalen entlang des Umrisses der Platinen abgeschnitten und -geschliffen wird. Das Anpassen an die Backen erfolgt in der Weise, dass jeweils eines der kurzen Enden der Schale mit einer geraden Kante versehen wird, die beispielsweise an der vorderen Backe

Abb. 82 (links): Beim vorliegenden Bauprojekt werden die Griffschalen aus TRESPA-Fassadenplatten hergestellt.

eng anliegt. In dieser Position anliegend wird die Passung an der hinteren Backe angerissen und an diesen Riss Feilstrich für Feilstrich herangearbeitet, bis die Griffschale sich mit gewissem Nachdruck zwischen die Backen pressen lässt. Wer hier im ersten Anlauf kein hundertprozentiges Ergebnis erzielt, muss nicht zu enttäuscht sein, da das Material sehr preiswert ist und er problemlos einen zweiten oder auch dritten Versuch starten kann. Hier wird lediglich die Geduld des Messermachers auf die Probe gestellt. Wer sich jedoch die Verarbeitungsqualität der meisten Originale als Maßstab nimmt, muss nicht zu genau arbeiten, weil diese meist mit recht großen Toleranzen gefertigt sind. Und die Funktion des fertiggestellten Messers wird durch einen Spalt zwischen Backe und Griffschale keineswegs infrage gestellt.

Lassen sich die Schalen jeweils zwischen die Backen schieben, so ist diejenige, die für die rechte Messerseite vorgesehen ist, einbaubereit. An der linken Griffschale muss noch die Aussparung für die Blattfeder der Auslösevorrichtung angebracht werden. Diese muss auf der Innenseite im Bereich der oberen Kante eingestemmt werden. Ihre genaue Lage, Breite und Tiefe wird durch die Art der verwendeten Blattfeder sowie die Höhe der Nietköpfe an deren Oberseite bestimmt. Sogar die Klingenstärke, und damit der Weg, den der Sperrklotz beim Auslösen nach oben bewegt werden muss, bestimmen die Form der Aussparung, da diese im vorderen Bereich entsprechend angeschrägt werden muss. Wurde die Lage der Nut angerissen, wird die Griffschale entlang des unteren Risses in den Schraubstock gespannt. Nun kann ein schmaler, gut geschärfter Stechbeitel entlang der Oberkante der Backe geführt und so das Material durch leichte Stöße oder Schaben entfernt werden. Die Schräge an der Vorderseite lässt sich am Besten mit einer Schlüsselfeile einarbeiten.

Sind beide Griffschalen ausreichend passgenau fertiggestellt, werden sie auf die Platinen geklebt und diese mitsamt der Griffschale unter der Ständerbohrmaschine fixiert. Dort werden die Löcher für die Griffnieten durch die Platine als Schablone gebohrt.

Vernieten

Der Lochdurchmesser sollte zwischen 2 und 2,5 mm betragen, je nachdem, in welchem Durchmesser Stahldraht für die Griffnieten verfügbar ist. Diese werden nach dem Bohren abgelängt, und zwar mit einer Zugabe von etwa 3 mm. Dann werden die Nieten in die gebohrten Löcher eingeschoben und zwar mit einem Überstand von je ca. 1,5 mm auf jeder Seite. Das Hämmern der Nieten muss sehr gefühlvoll erfolgen, da das Griffmaterial sonst zum Reißen neigt. Zum Vernieten ist ein leichter Ballhammer von etwa 250 Gramm am besten geeignet. Ersatzweise lässt sich aber auch ein etwa gleich schwerer Hammer mit flacher Schlagfläche verwenden. Befindet sich der Nietstift in der korrekten Position, wird die Platine so über die Ambossfläche des Schraubstocks gehalten, dass der Nietstift mit einem Ende leicht auf der Fläche aufliegt, gerade so fest, dass der Stift sich nicht verschiebt. Dann werden in schneller Folge leichte Schläge mit dem Hammer auf das andere Ende des Stiftes geführt. Dabei muss das untere Ende des Stiftes permanent auf der Schlagfläche des Ambosses aufliegen, sonst wird er nach unten aus dem Loch herausgeschlagen. Nach 10 bis 15 Schlägen wird die Platine gewendet und die Schläge nun auf das andere Ende des Stiftes geführt. Je nach Härte des Drahtes und Härte der Hammerschläge muss die Platine mehrfach hin und her gewendet werden, bis der Niet ausreichend gestaucht ist.

Hier gilt es, gefühlvoll zu arbeiten und das richtige Maß zwischen fester Vernietung und zu großer Flankenbelastung des Materials zu finden. Lässt sich der Drahtstift nach dem Stauchen mit wenig Kraftaufwand aus der Bohrung herausdrücken, hat die Kraft der Schläge nicht ausgereicht. Ist das Griffmaterial gerissen oder das Blech der Platine verkrümmt, wurde der Stift zu weit gestaucht und die beschädigten Bauteile müssen erneuert werden. Hier zeigt sich aufs Neue der Vorteil, gerade als Anfänger mit preiswertem Material zu arbeiten. Geht wirklich mal etwas schief, und das passiert jedem „Lehrling" in einer neuen Zunft, entsteht zumindest kein allzu großer materieller Verlust und der Schaden kann als „Lehrgeld" verbucht werden. Wer beim ersten Messerbauprojekt seines Lebens gleich meint, mit „Superstählen" wie ATS-34 oder CPM-440 V für die Klinge und fossilem Mammutelfenbein als Griffmaterial arbeiten zu müssen, wird alsbald feststellen, dass er sich für nicht ganz einfach zu bearbeitendes Material entschieden hat. Außerdem wird die Hemmschwelle, auch einmal eine neue Handfertigkeit zu erproben, ungleich höher sein, weil die Angst, das gute Material zu verderben, die Hand des Anfängers nicht selten lähmt.

Sind die Griffschalen zur Zufriedenheit vernietet, werden die überstehenden Nietköpfe auf beiden Seiten plangeschliffen. Im Anschluss müssen nur noch die Längsseiten der Schalen an den Umriss der Platinen angepasst werden. Zu guter Letzt werden die Kanten des Griffmaterials gefast oder gerundet, sodass das Messer im Gebrauch gut in der Hand liegt.

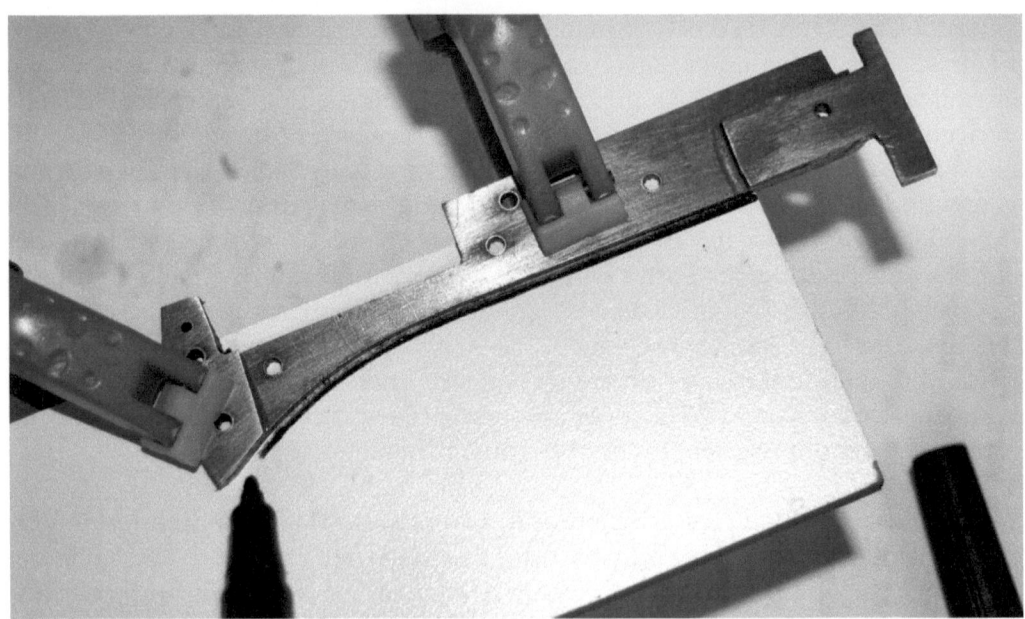

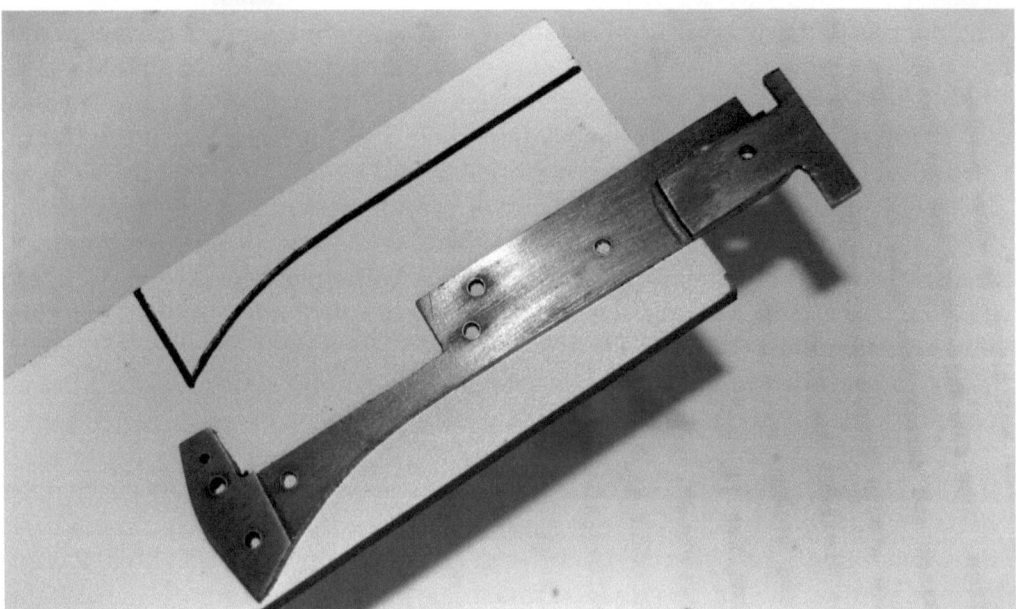

Abb. 83 und 84: Um die ungefähre Form der Griffschalen auf das Material aufzureißen, werden die Platinen auf das Material gespannt und der Umriss mit viel Zugabe übertragen.

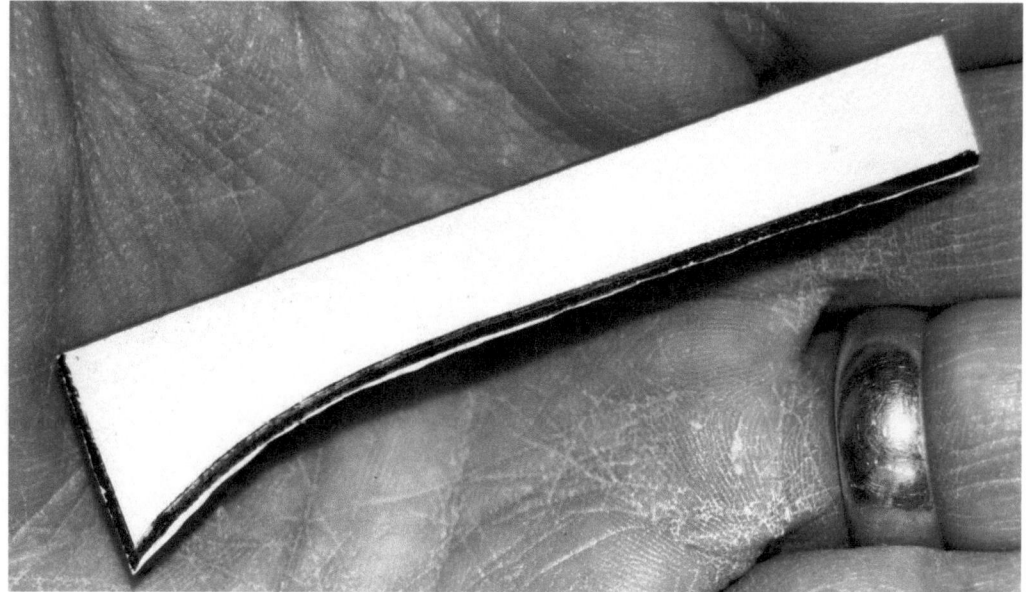

Abb. 85 und 86: Dann werden die Griffschalen grob zurechtgeschnitten.

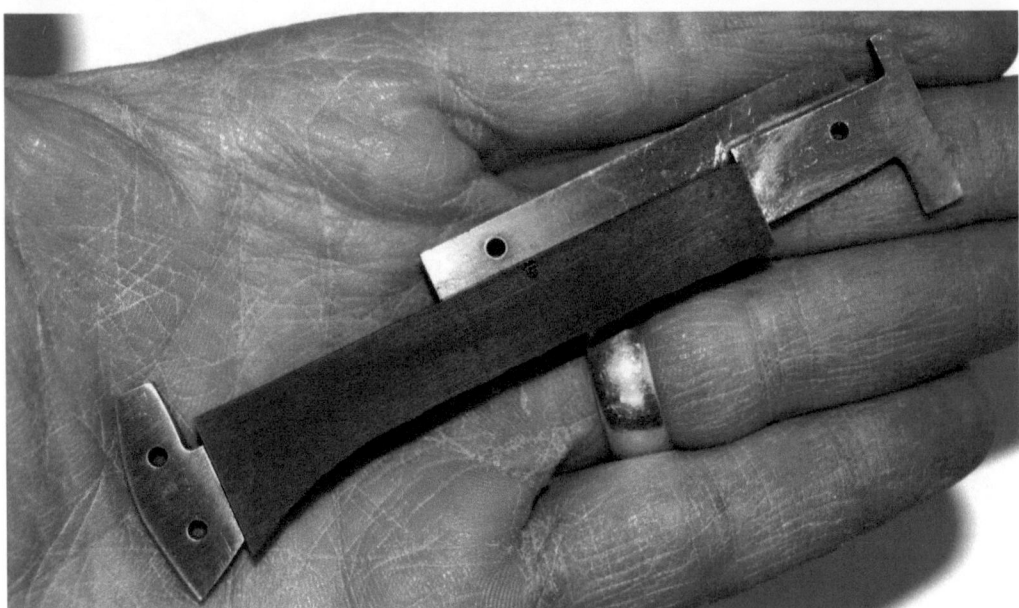

Abb. 87 und 88: In diesem Stadium kann an der Sichtseite schon einmal die weiße Kunststoffbe-schichtung abgeschliffen werden. An der Unterseite, die auf der Platine anliegt, kann der Überzug belassen werden. Nun wird zunächst die rechte Griffschale mit vorsichtigen Feilstrichen zwischen den Backen eingepasst und verklebt.

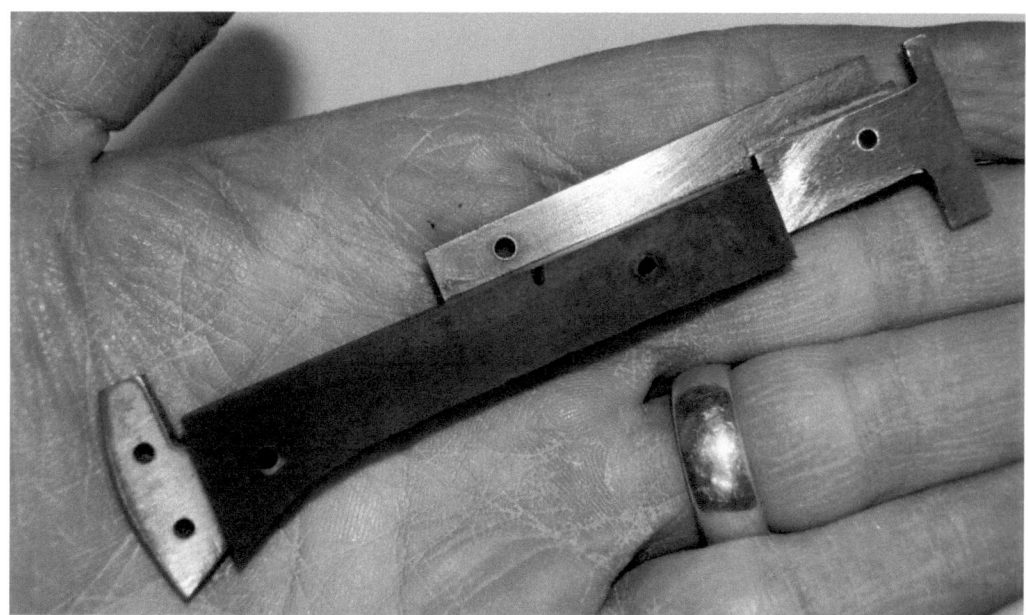

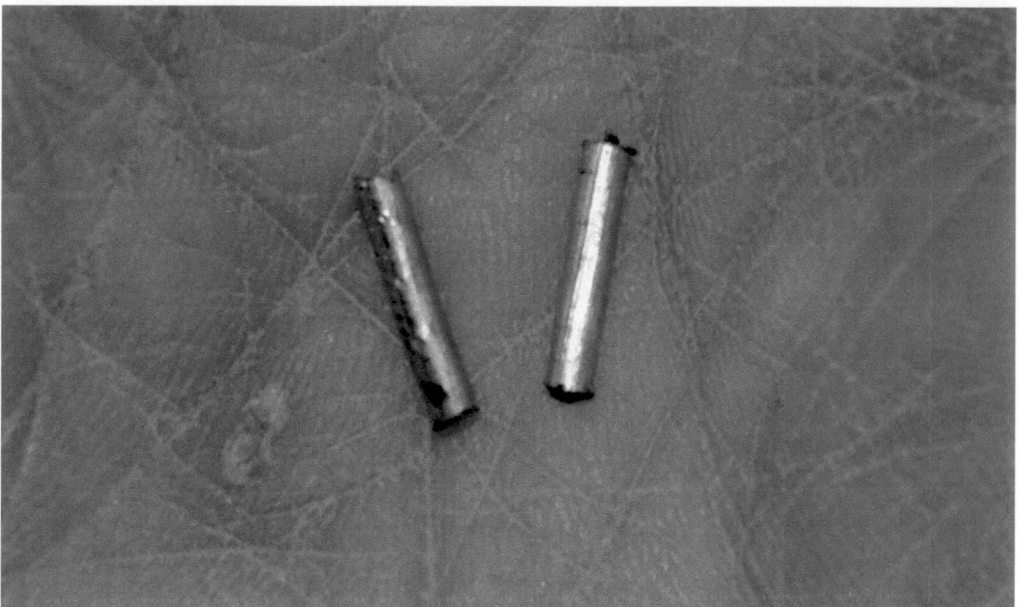

Abb. 89 und 90: Anschließend werden die bereits in der Platine vorhanden Löcher in die Griffschale durchgebohrt und zwei passende Drahtstifte als Nieten abgelängt.

Abb. 91 und 92: Ist die Griffschale vernietet und die Nietköpfe plan geschliffen, kann ihr Umriss an den der Platine angepasst werden.

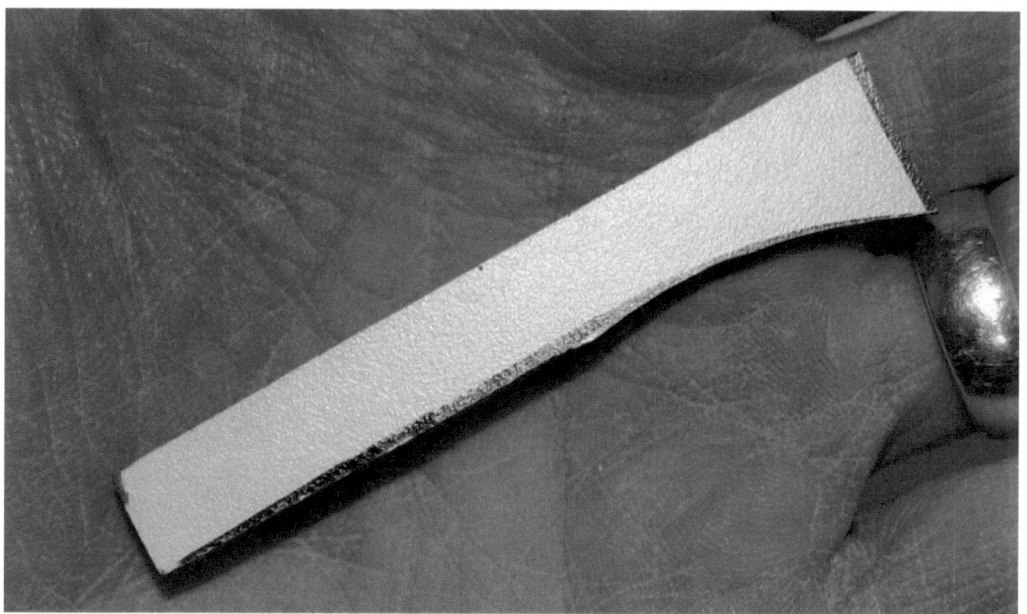

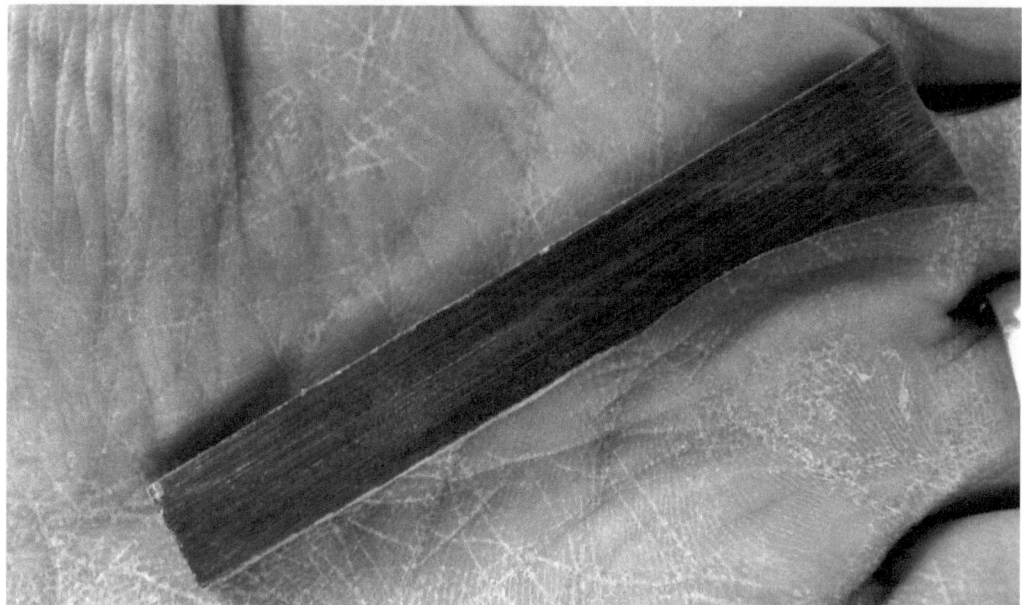

Abb. 93 und 94: Die Fertigung der linken Griffschale verläuft zunächst genauso, wie bei der rechten: Ihr Umriss wird mit viel Zugabe grob ausgeschnitten und anschließend der Kunststoffüberzug an der Sichtseite abgeschliffen.

Abb. 95 und 96: Dann wird die Lage der Blattfeder auf der Platine an der Innenseite der Griffschale angerissen und mit einem scharfen Stechbeitel eine entsprechende Falz ausgestemmt. Im vorderen Teil muss diese mit einer Schlüsselfeile leicht angeschrägt werden, um der Blattfeder im Bereich des Sperrklotzes genügend Bewegungsraum zu geben.

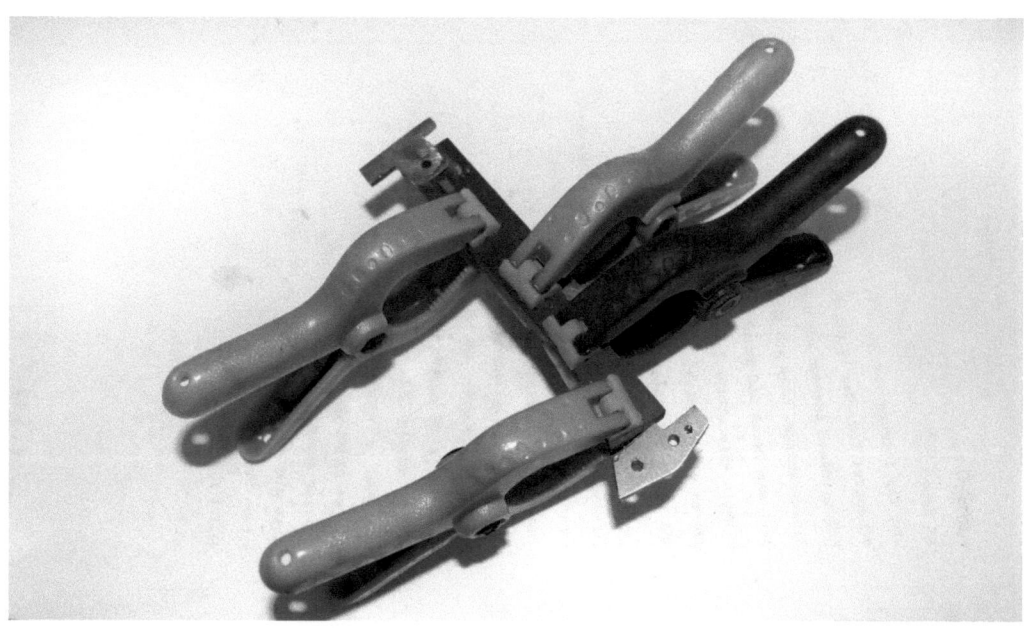

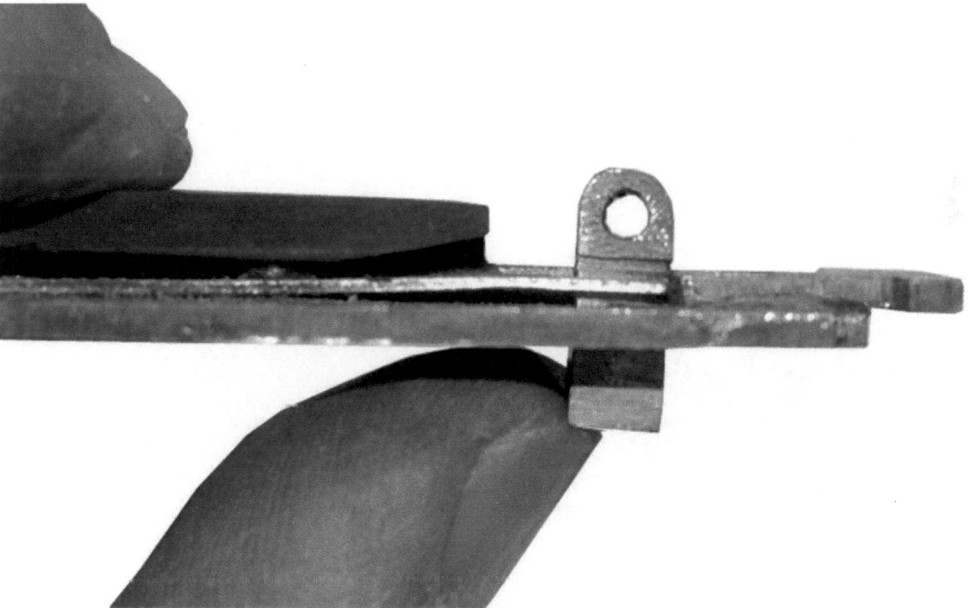

Abb. 97 und 98: Nun kann auch die linke Griffschale aufgeklebt werden. Achtung: Nur wenig Kleber verwenden, damit auf keinen Fall die Blattfeder verklebt wird. Unten ist die Auslösevorrichtung mit darüber liegender Griffschale zu sehen.

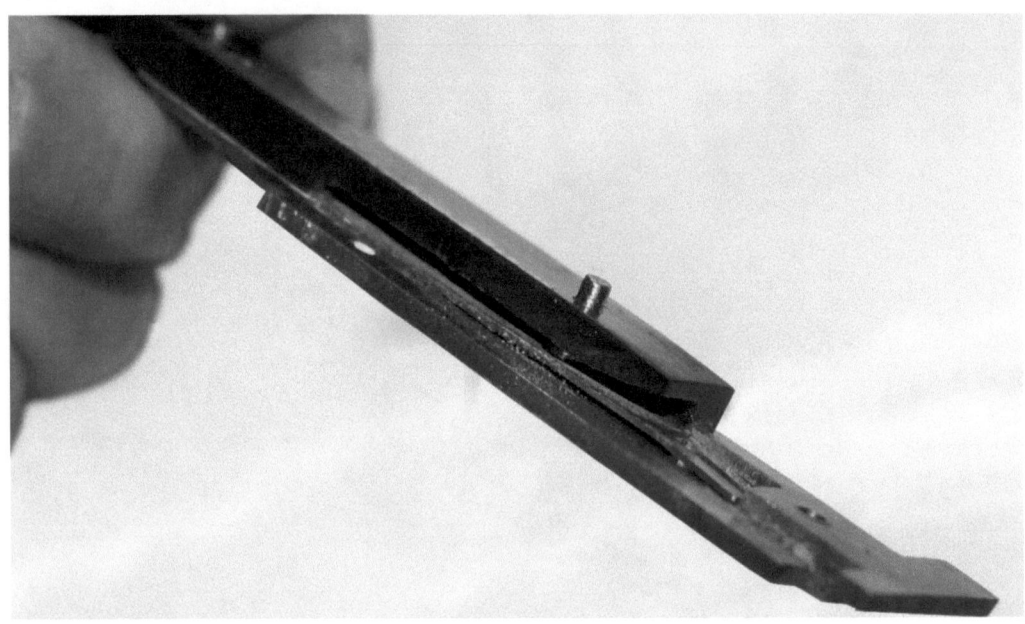

Abb. 99 und 100: Ist die Verklebung gelungen, werden die in der Platine vorhandenen Löcher wieder als Bohrschablone verwendet und in die Griffschalen durchgebohrt. Im Anschluss werden wieder Drahtstifte im entsprechenden Durchmesser abgelängt, in die Bohrlöcher gesteckt und gestaucht. Achtung: Bei der linken Griffschale, die im Bereich der Blattfeder ausgehöhlt ist, muss besonders vorsichtig gehämmert werden, da der Kunststoff sonst schnell bricht.

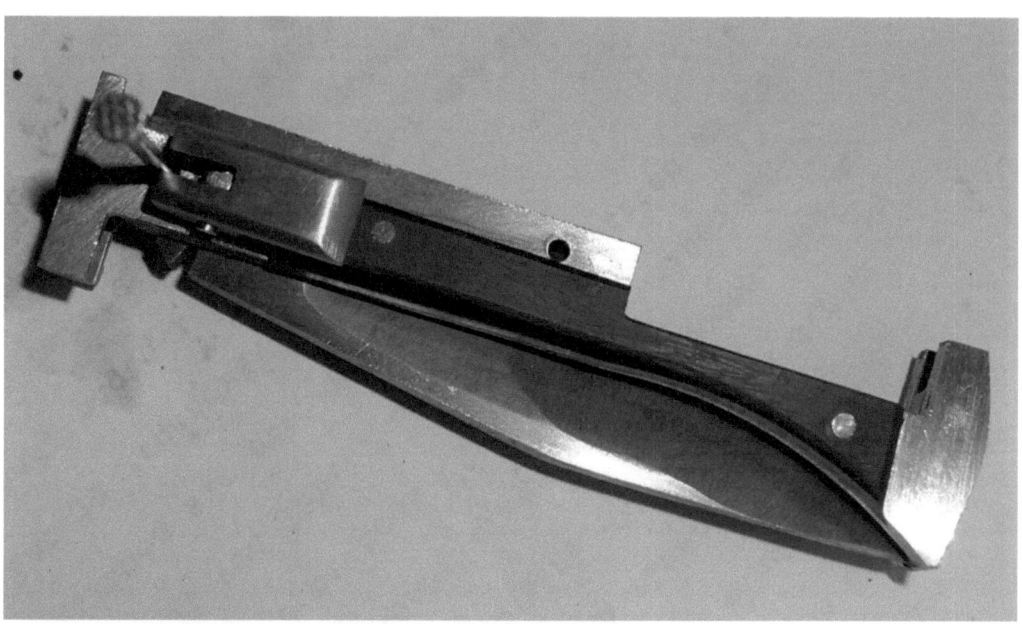

Abb. 101 und 102: Sind die Griffnieten gestaucht und beigeschliffen, können die beiden Platinen mit dem Füllstück im Knaufbereich vernietet werden. Nach dem Beischleifen des Füllstücks wurde hier schon einmal provisorisch die Klinge eingesetzt, um die Abstimmung der einzelnen Elemente aufeinander zu prüfen.

Abb. 103: Hier sind die Bestandteile der Rückenverriegelung zu einer Funktionseinheit zusammengelegt: Die Spiralfeder mit Stellschraube, die neben ihrer Hauptaufgabe, über den Federarm die Klinge aufschnappen zu lassen, auch über das Zwischenstück die Verriegelungsarme nach unten drückt. Zwischen diese ist der Quersteg geschraubt, der bei geöffnetem Messer in die Nut am Klingenrücken eingreift und ein unbeabsichtigtes Schließen verhindert.

Die Rückenverriegelung

Die Rückenverriegelung besteht aus zwei parallelen Stahlstreben, die am hinteren Ende in einer Achse gelagert sind und am vorderen Ende einen eingeschraubten Quersteg tragen, der in eine Nut an der Klingenwurzel eingreift. Der Quersteg ist nach außen auf beiden Seiten durch je eine Mutter gesichert, die zugleich den Daumen einen Halt geben, um die Klinge zu entriegeln.

Die Stahlstreben mit rechteckigem Querschnitt werden idealerweise aus dem gleichen Stück Stahl geschnitten, um weitgehende Maßgleichheit zu erzielen. Zum Bohren werden sie wieder aufeinandergeklebt, um exakt fluchtende Bohrungen zu garantieren. Sowohl das Loch für die Achse als auch das Kernloch für das M3 Gewinde müssen einen Durchmesser von 2,5 mm haben. Nach dem Bohren können die Teile wieder voneinander gelöst werden, im Anschluss werden die M3 Gewinde mit dem Handgewindeschneider eingeschnitten.

Nun kann ein Quersteg aus 3 mm Rundmaterial hergestellt werden, idealerweise sollte es sich dabei um härtbaren Stahl handeln, da er als Riegel in eine Nut in der gehärteten Klinge eingreift und ungehärteter Stahl dabei im Gebrauch nach und nach eingekerbt werden würde. Der Stab wird mit leichter Überlänge abgelängt und dann die Gewinde so weit eingeschnitten, dass im Mittelteil ein glatter Kern verbleibt, dessen Länge exakt dem Abstand zwischen beiden Platinen plus der zweifachen Materialstärke der Platinen entspricht. Nun kann der Quersteg gehärtet werden. Nach dem anschließenden Versäubern werden Quersteg und Stahlstreben miteinander verschraubt und das nun fertige Verriegelungselement kann dann an das bereits vormontierte Messer angesteckt und mit einer locker sitzenden Achse vorläufig montiert werden. Auf diese Weise kann die Verriegelungsfunktion bereits getestet werden.

Als Kontermuttern und zugleich Öffnungsknöpfe für den Daumen sollen zwei Messingmuttern M3 auf die überstehenden Gewindeenden des Querstegs aufgeschraubt werden. Natürlich könnten diese auch aus Stahl gefertigt werden, jedoch sollte am vorliegenden Bauprojekt aus optischen Gründen Messing verwendet werden. Dazu wurden zwei Stehbolzen M3 aus einem ausgeschlachteten Computer verwendet, die darin zur Befestigung von Platinen gedient hatten. Streng genommen handelte es sich dabei um Hutmuttern, die an ihrem geschlos-

senen Ende noch einen kleinen Gewindebolzen aufwiesen. Dieser wurde kur-
zerhand mit der Feile entfernt und zwar so weit, dass die Hutmutter am oberen
Ende geöffnet wurde und es sich nunmehr um eine normale Messingmutter M3
handelte. Sicherlich wäre es auch möglich gewesen, diese direkt im Handel zu
erwerben, jedoch lagen die Muttern aus dem Computer beim vorliegenden Bauprojekt gerade in der Schrottkiste des Autors.

Außerdem sind die aus dem Eigenbau resultierenden Muttern deutlich höher,
als die im Handel erhältlichen. Alternativ ist es auch möglich, gerändelte Einpressmuttern M3 zu verwenden. Diese sind eigentlich dafür vorgesehen, in Holz
oder anderen Materialien versenkt zu werden, um darin Einschraubgewinde zu
platzieren. Auch diese verleihen dem Messer eine sehr professionelle Optik.

Abb. 104: Nachdem zwei gleichartige Verriegelungsarme mit rechteckigem Querschnitt gefertigt
wurden, werden sie provisorisch aufeinandergeklebt, um zwei exakt fluchtende Löcher für Achse
und Quersteg bohren zu können. In die Löcher für den Quersteg werden dann Innengewinde M 3
eingeschnitten.

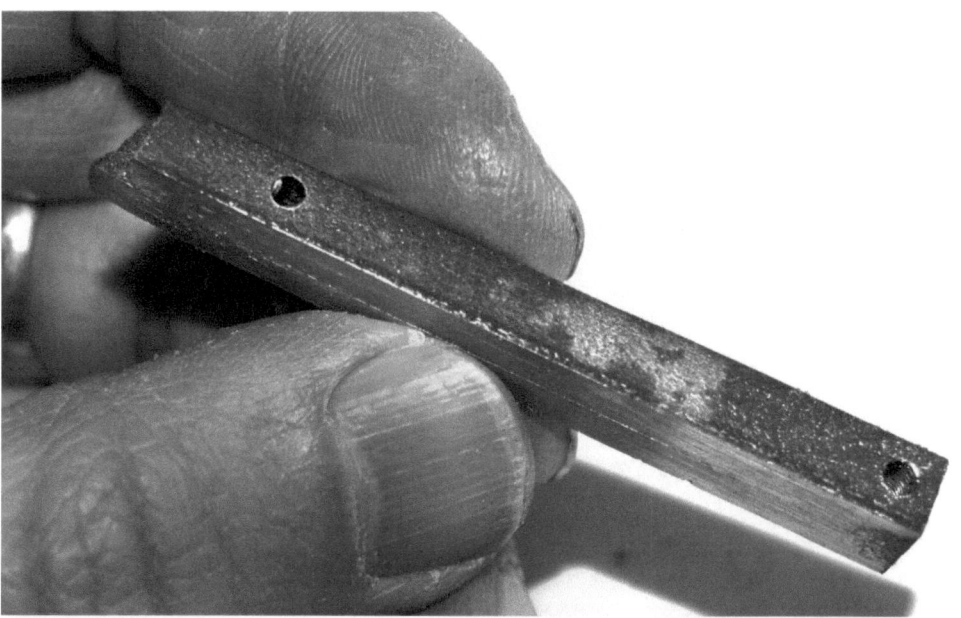

Abb. 105 und 106: Oben einer der beiden fertiggestellten Verriegelungsarme. Im Bild unten wurde der rechte der beiden Verriegelungsarme bereits in den Schraubstock eingespannt, um im vorderen Bereich den Absatz einzufeilen, der ermöglicht, dass das Element sich an die an der Oberkante leicht erhabene Backe anlegen kann.

Abb. 107 und 108: Im Bild oben der rechte Verriegelungsarm mit dem fertig eingeschliffenen Absatz. Unten wird ersichtlich, warum der linke Verriegelungsarm noch eine weitere Aussparung aufweisen muss: Er darf nicht mit dem an dieser Stelle angebrachten Auslösehebel kollidieren.

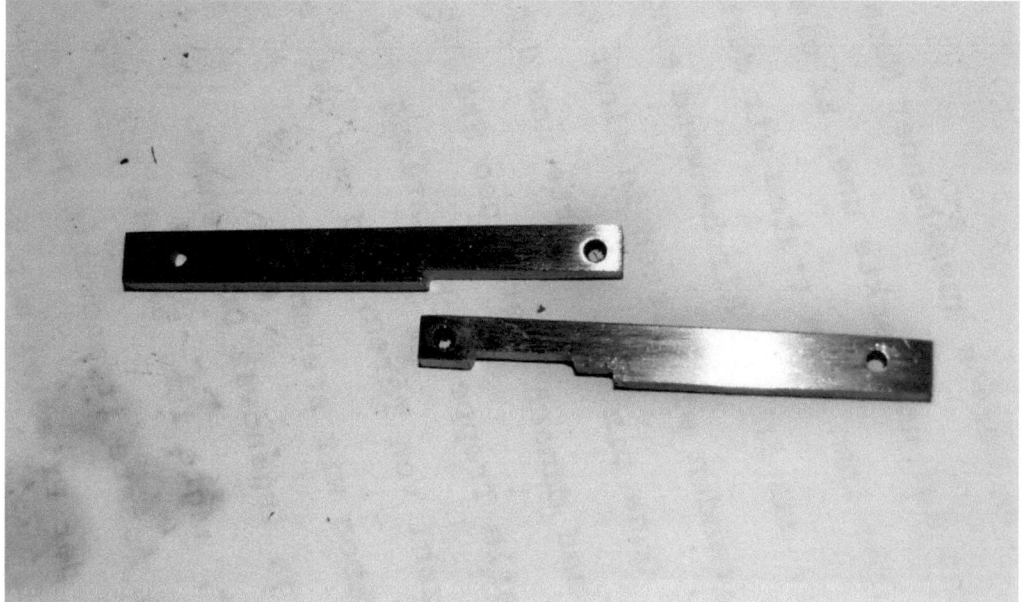

Abb. 109 und 110: Oben wird der fertiggestellte linke Verriegelungsarm gezeigt, unten auch im Vergleich zum rechten Gegenstück.

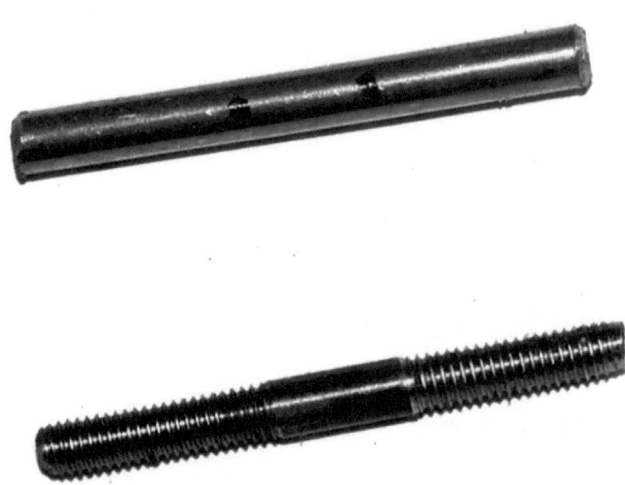

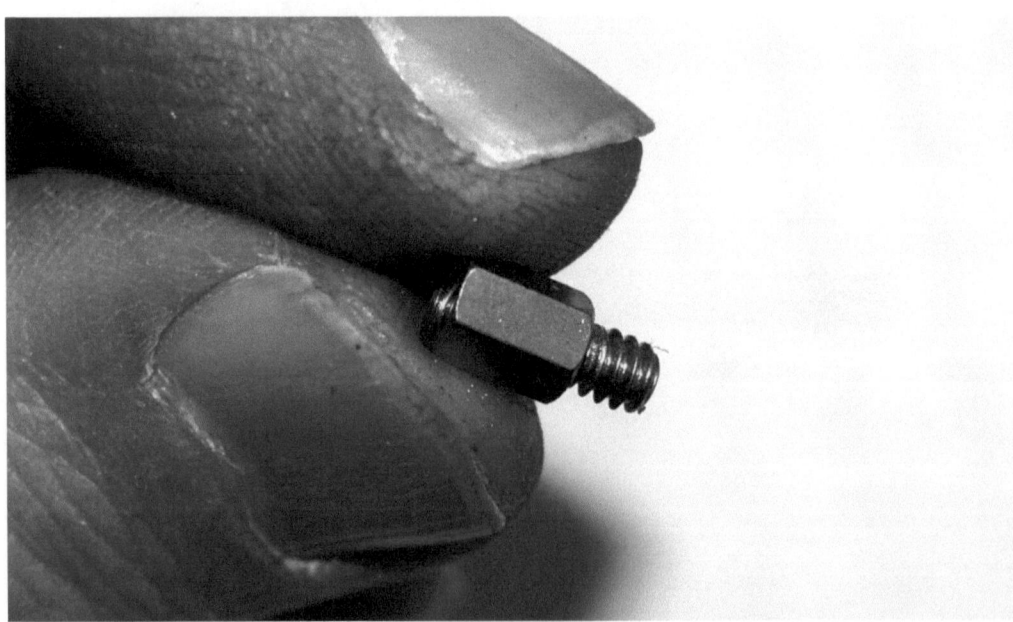

Abb. 111, 112 und 113: Im Bild oben wurde bereits ein entsprechendes Stück Rundmaterial für den Quersteg abgelängt und der Bereich der einzuschneidenden Gewinde markiert. Im Bild darunter das gleiche Element mit fertig eingeschnittenen Gewinden. Unten eine Spezialmutter aus Messing, die aus einem alten Computer stammt. Mit ihr waren Bauteile wie beispielsweise Platinen auf der Grundplatte des Rechners verschraubt gewesen.

Abb. 114 und 115: Die Mutter wird mit dem Gewinde nach oben in den Schraubstock gespannt und der Zapfen mit einigen Feilstrichen entfernt.

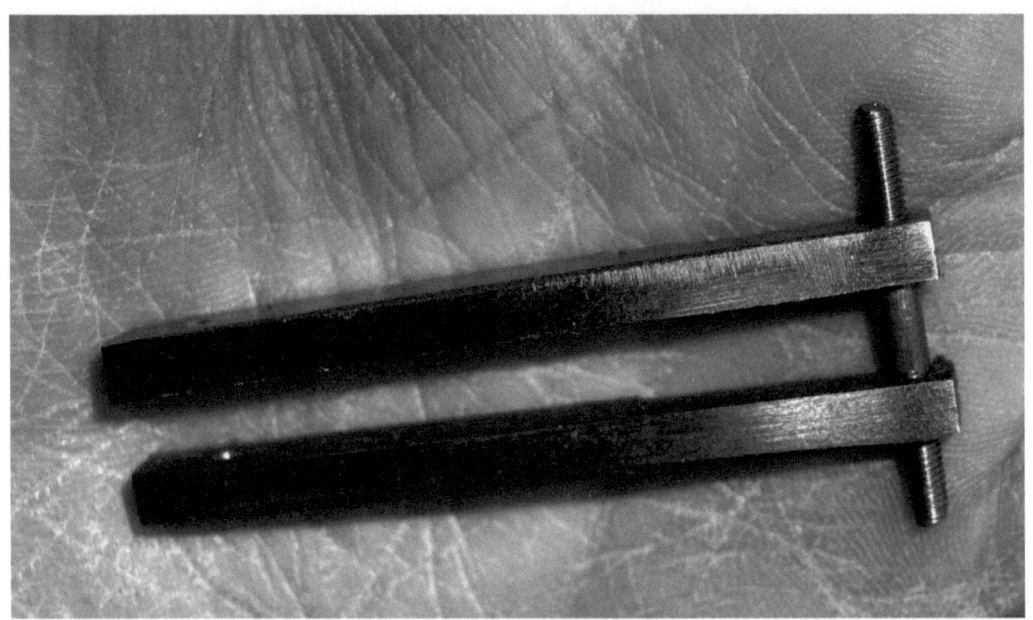

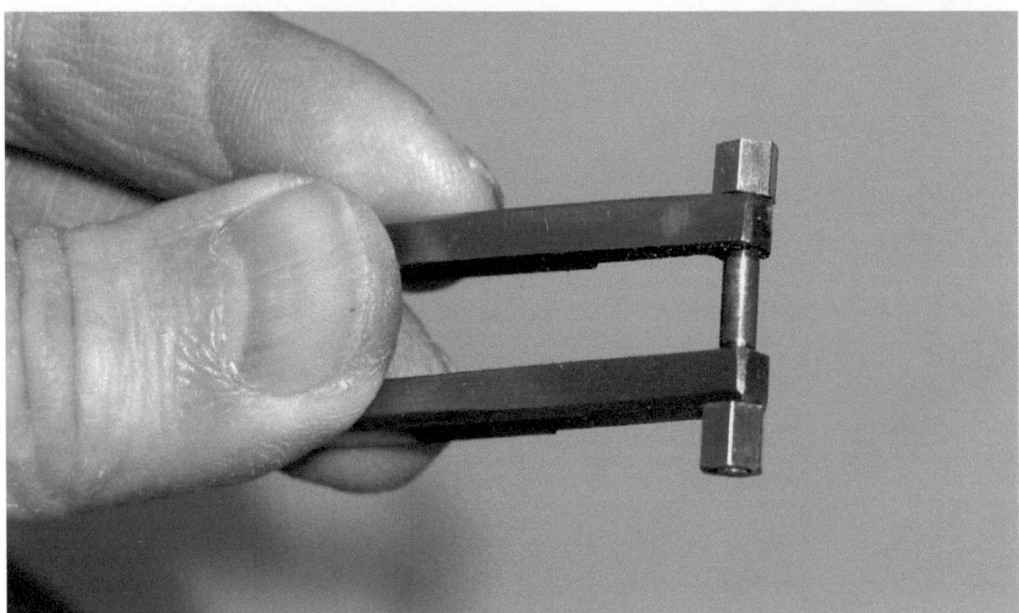

Abb. 116 und 117: Oben die beiden Verriegelungsarme mit eingeschraubtem Quersteg. Unten wurden die beiden vorbereiteten Messingmuttern als Kontermuttern aufgeschraubt. Die überstehenden Gewindezapfen des Querstegs wurden danach plan gefeilt.

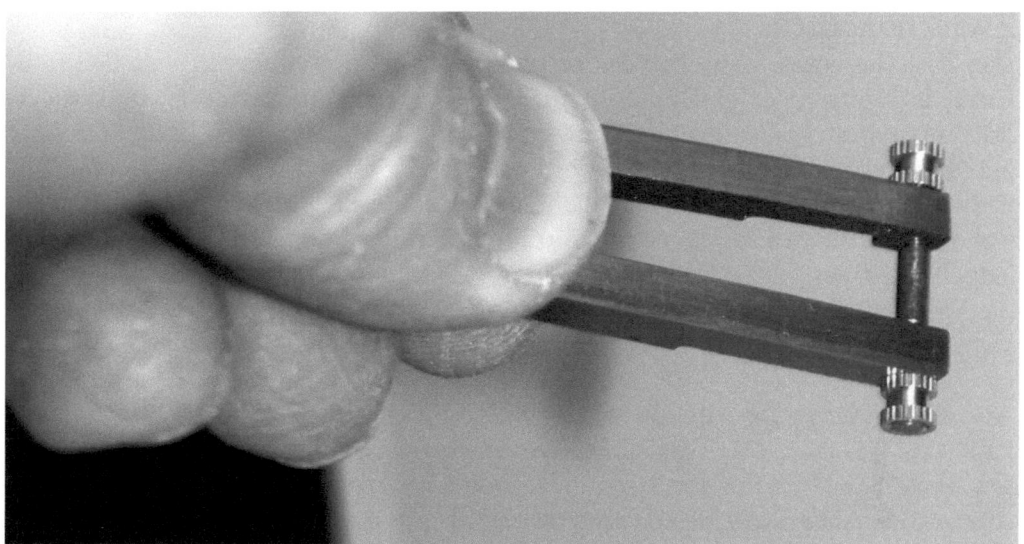

Abb. 118 und 119: Die Kontermuttern auf den Gewindezapfen des Querstegs dienen zugleich als beidseitig angebrachte Öffnungsknöpfe für die Rückenverriegelung. Daher können dafür alternativ auch sogenannte Einpressmuttern verwendet werden. Diese weisen eine umlaufende Rändelung auf und bieten dem Daumen daher besseren Halt.

Im Bild unten wurde die Rückenverriegelung zunächst probeweise auf das Messer aufgesetzt. So kann die Nut am Klingenrücken final angezeichnet und anschließend mit einer dünnen Rundfeile angepasst werden.

Zwischenstück

Das Zwischenstück zwischen Feder und Verriegelungselement dient dazu, die Kraft der Spiralfeder gleichmäßig auf beide Verriegelungsarme zu übertragen. Im Prinzip besteht es aus einem kurzen Stück U-Profil, in dessen Boden ein Loch gebohrt wurde, um das Gewinde des Federarms hindurchführen zu können. Natürlich könnte das Bauteil tatsächlich aus einem handelsüblichen U-Profil gefertigt werden. Beim vorliegenden Bauprojekt sollte dieser Teil der Verriegelung jedoch massiver ausgeführt werden, da die Breite des Zwischenstücks zugleich die Materialstärke der Verriegelungsarme diktiert. Vorausgesetzt, dass zwischen Verriegelungsarmen und Zwischenstück kein Absatz entstehen soll.

Aus diesem Grund wurde am vorliegenden Projekt das Zwischenstück aus vollem Stahl gefertigt. Dazu wurde ein rechteckiger Quader zurechtgesägt, in dessen Mitte das Loch für den Federarm gebohrt wurde. Dessen Durchmesser bestimmt das Außenmaß des dafür gewählten Gewindes. Anschließend wird mit der Kante einer Flachfeile oder einer nicht zu breiten Vierkantfeile in die Mitte eine breite Nut geschnitten, um das U-Profil zu erzeugen. Abschließend wird an der Unterkante der kleine Absatz eingefeilt, der sich um die Kante der Griffschale schmiegt. Der Knackpunkt aber ist, die im eingebauten Zustand vorderen Kanten des Zwischenstücks von oben nach unten leicht anzuschrägen, damit die Federkraft hauptsächlich an der oberen Kante der Verriegelungseinheit ansetzt. So wird der am vorderen Ende des Verriegelungselements eingeschraubte Quersteg in die Nut an der Klingenwurzel gepresst.

Abb. 120: Die Abmessungen des Zwischenstücks ergeben sich aus den Maßen der zuvor gefertigten Bauteile:

a = Stärke des Federarms + 2 x Stärke der Platinen + 2 x Stärke der Verriegelungsarme

b = Außendurchmesser der Spiralfeder mit je 2 mm Zugabe

c = Stärke der Verriegelungsarme

d = Außendurchmesser des Gewindes am Federarm

e = Höhe der Verriegelungsarme

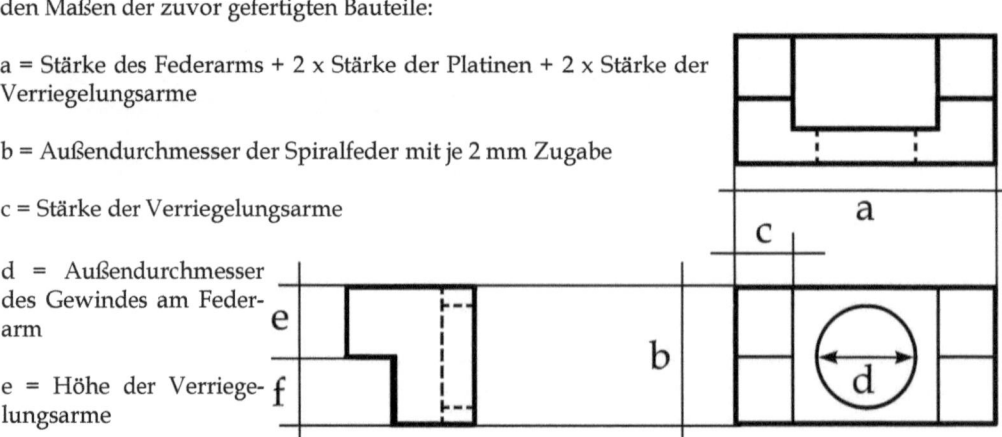

Abb. 121 und 122: Das Zwischenstück wird aus einem Stück Stahl entsprechender Stärke gefertigt. Beim vorliegenden Bauprojekt handelt es sich dabei um ein Abfallstück Baustahl. Das Bauteil ist nicht hoch belastet, weshalb diese Materialwahl vertretbar ist. Wer auf Nummer Sicher gehen will, entscheidet sich auch in diesem Fall für härtbaren Stahl.

Abb. 123 und 124: Wieder wird zuallererst das Loch gebohrt und dann ein Quader mit den Außenmaßen des Zwischenstücks hergestellt. Dieser wird dann in den Schraubstock eingespannt und die Nut eingeschnitten. Ihre Breite ergibt sich aus der Stärke des Federarms und der beider Platinen.

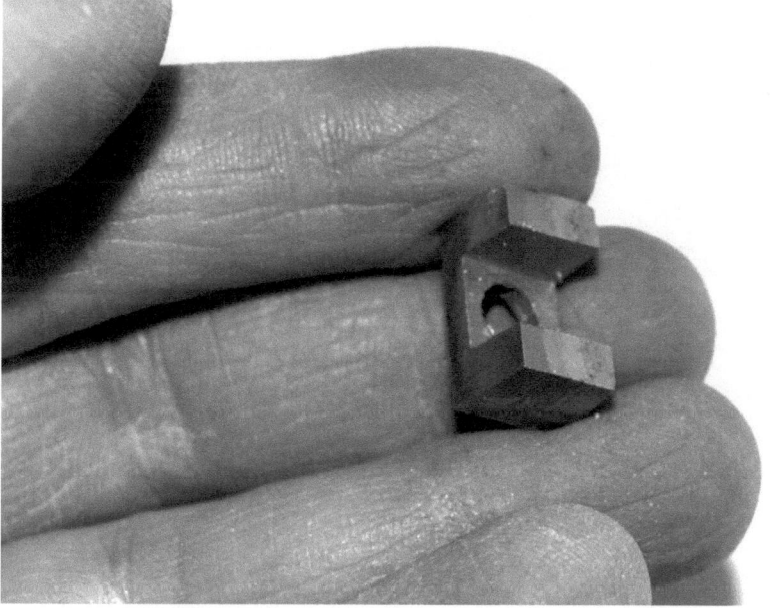

Abb. 125 und 126: Ist die Nut fertiggestellt, können die Absätze angerissen werden, mit denen das Zwischenstück im Bereich der Griffschalen anliegt.

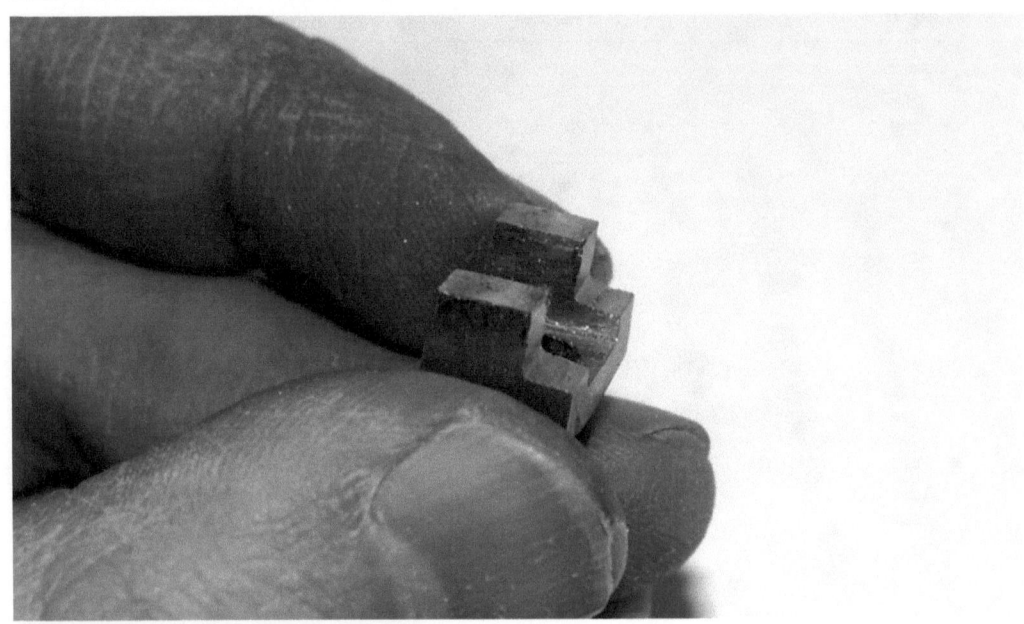

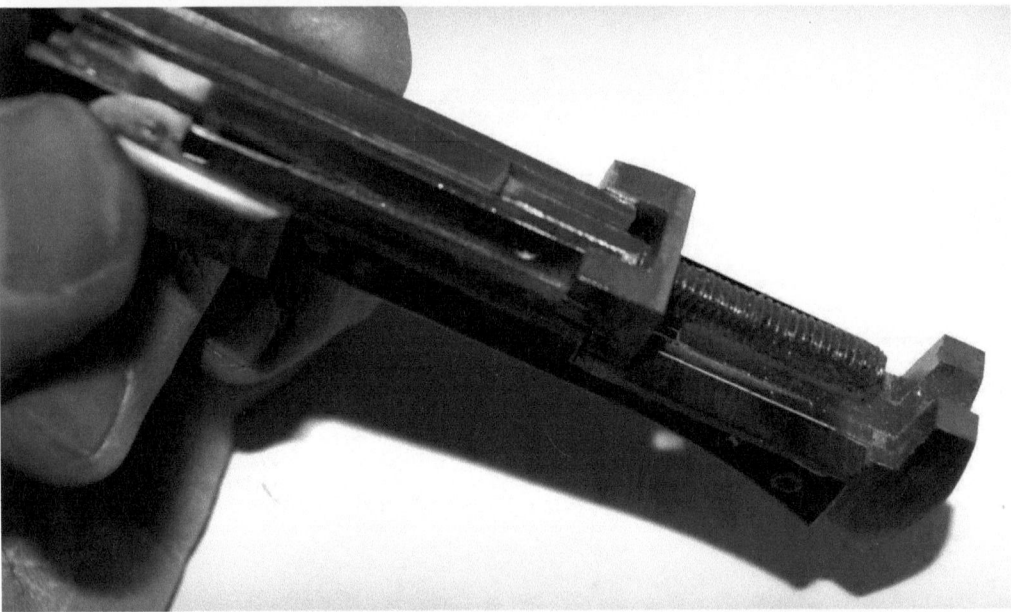

Abb. 127 und 128: Oben die fertig eingefeilten Absätze. Nun kann das Zwischenstück in das Messer eingepasst werden. Die Nut soll spielfrei auf den Platinen sitzen, jedoch ohne zu klemmen. Die Absätze sollen auf den entsprechenden Ecken der Platinen, jedoch nicht am Griffmaterial aufliegen.

Abb. 129 und 130: Ist das Zwischenstück fertig eingepasst, kann es außen fein geschliffen und auf Wunsch auch poliert werden.

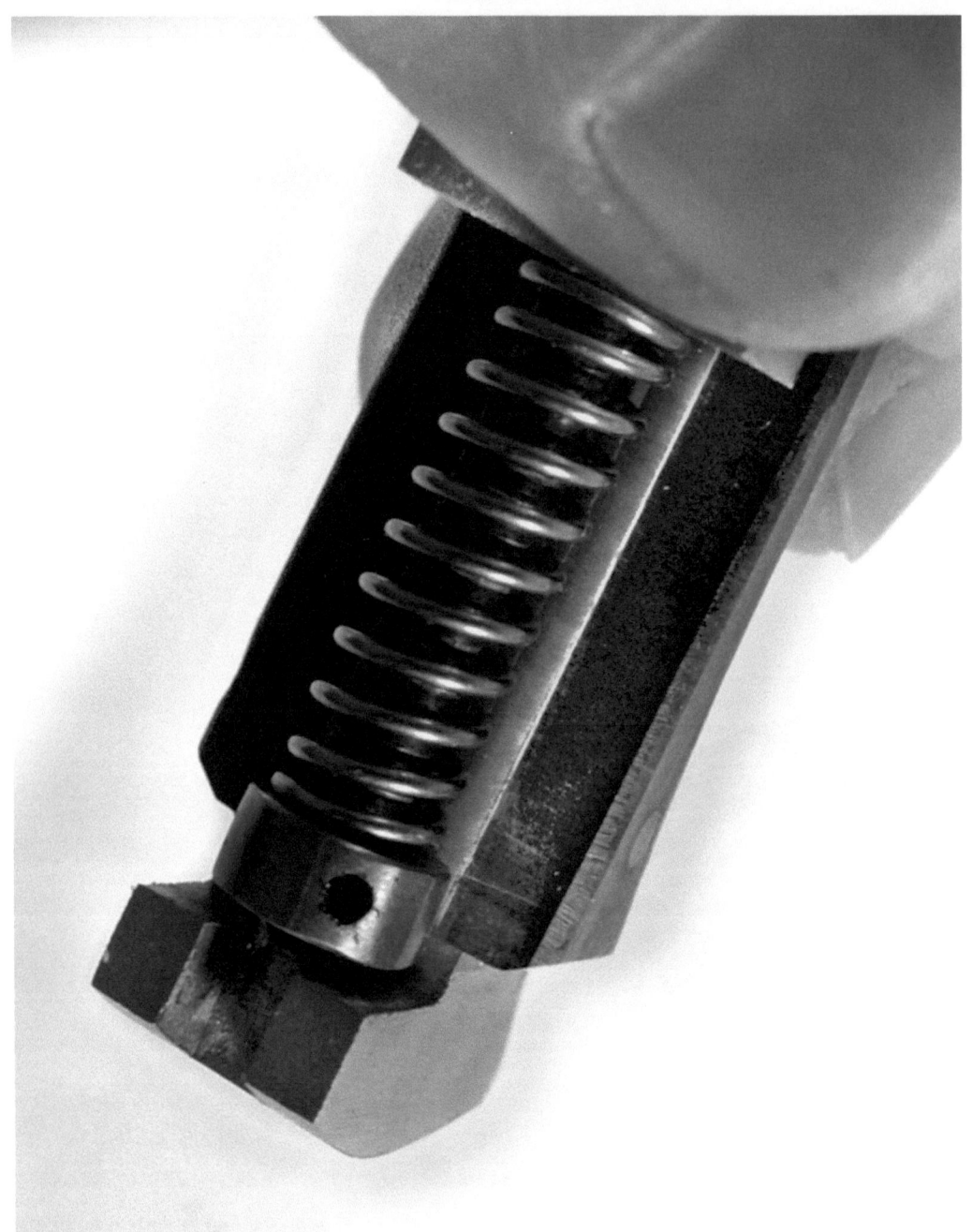

Die Feder

Die Wahl der richtigen Feder ist bei dem vorliegenden Bauprojekt relativ einfach. Ihr Innendurchmesser ist bestimmt von der Stärke des Federarms, ihr Außendurchmesser ergibt sich dann aus der notwendigen Drahtstärke. Für ein Messer von achteinhalb cm Klingenlänge hat sich eine Feder mit den Abmessungen 30 x 8 mm und der Drahtstärke 1 mm gut bewährt. In dieser Konfiguration hat die Feder einen Innendurchmesser von 6 mm, also kann das Gewinde des Federarms auf M6 geschnitten werden, was maximale Stabilität verspricht.

Das für die Feder angegebene Längenmaß stellt nur ein Richtmaß dar, das durchaus um 5 mm über- oder unterschritten werden kann. Denn diese Längenunterschiede können durch Justieren der Stellmutter ausgeglichen werden. Bei Bauprojekten, die maßstäblich vergrößert oder verkleinert gefertigt werden, muss die geeignete Feder durch Ausprobieren ermittelt werden. Dies ist jedoch schon durch bloße Inaugenscheinnahme annäherungsweise möglich.

Abb. 132: Die beim vorliegenden Bauprojekt verwendete Spiralfeder stammt aus dem Automatik-Getriebe eines älteren VW Golf.

Letztendlich entscheidet auch der Messermacher oder dessen Kunde, wie stark die Federkraft seines Springmessers ausgelegt sein soll. Hier geht es auch um persönliche Vorlieben: Die einen wollen ein Springmesser, dessen Klinge mit purer Gewalt herausspringt, andere wünschen sich ein elegantes Klicken, bei dem das Messer zwar zuverlässig öffnet, aber eben nur mit sanfter Gewalt.

Abb. 131: Links die auf den Federarm aufgeschobene Spiralfeder, die von der Stellmutter unter Spannung gehalten wird.

Die Stellmutter

Als Stellmutter kann theoretisch jede Schraubenmutter M5 oder M6 verwendet werden. Da die Mutter im Gebrauch, wenn sie einmal eingestellt wurde, nur selten verstellt werden muss, könnte auch eine selbstsichernde Mutter verwendet werden. Beim vorliegenden Bauprojekt fiel jedoch die Entscheidung, dass eine Sechskantmutter an dieser Stelle unschön aussehen würde. Aus diesem Grund sollte eine runde Mutter eingebaut werden, die mit zwei Löchern versehen ist, in die mit einem Stellstift eingegriffen werden kann. Leider sind diese Muttern im Handel nicht ohne Weiteres erhältlich, schon gar nicht einzeln. Genau genommen konnte der Autor noch nicht einmal in Erfahrung bringen, wie diese Muttern eigentlich heißen. Daher sollte aus einer Sechskantmutter eine solche runde Lochmutter hergestellt werden.

Dazu wurde sie in den Schraubstock des Bohrständers eingespannt und an zwei gegenüberliegenden Flachseiten je ein 2 mm Loch gebohrt. Dann wurde die Mutter in den normalen Schraubstock eingespannt und zunächst alle Ecken in der Weise flachgefeilt, dass zwölf gleich große Facetten entstanden. Die nun vorhandenen zwölf kleinen Ecken wurden wiederum in kaum noch wahrnehmbare Facetten abgeflacht. Abschließend wurde die Mutter auf einen alten Schraubenbolzen geschraubt und mit einer zweiten Mutter gekontert. Dann wurde der Bolzen in die Ständerbohrmaschine eingespannt und bei laufender Maschine eine Feile an die vorbearbeitete Mutter angehalten. In dieser „Drehbank für Arme" ließ sich die Mutter hinreichend rund feilen und schleifen, sodass sie ein recht professionelles Aussehen erhielt. Doch wie bereits erwähnt, kann auch jede andere Schraubenmutter verwendet werden.

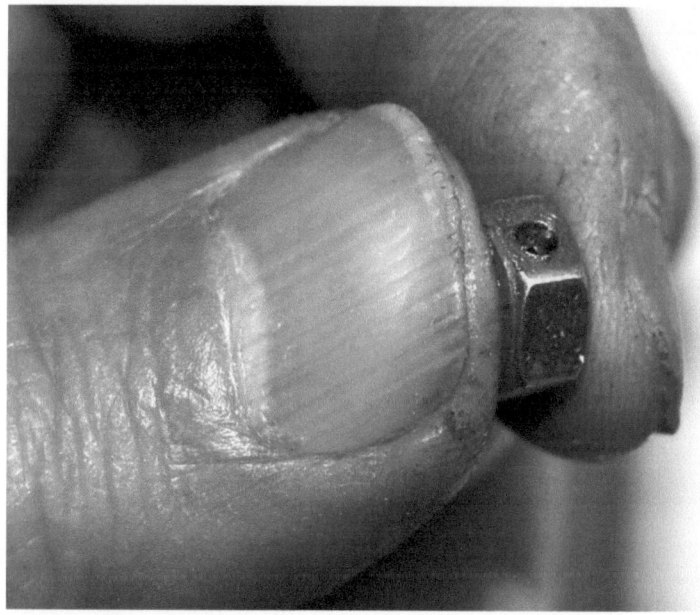

Abb. 133, 134 und 135: Das Bild auf der linken Seite zeigt, wie das Bohrloch auf einer der Flachseiten der Mutter angekörnt wird. Oben wird das Loch gebohrt, das untere Bild verdeutlicht die Lage des Lochs auf der Flachseite.

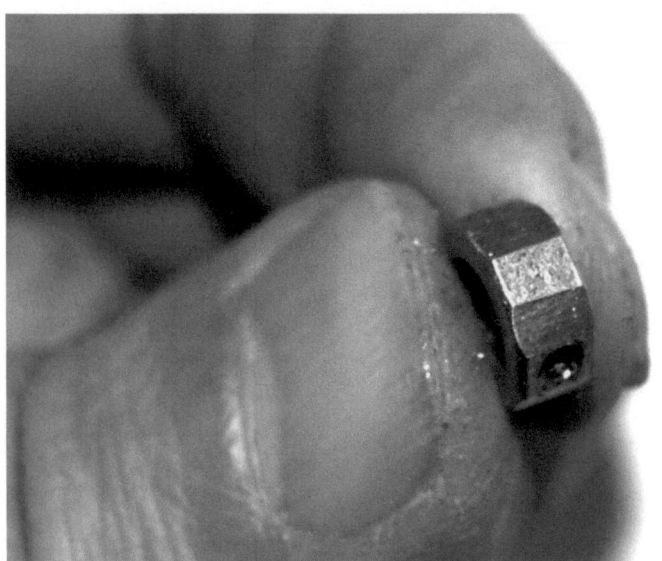

Abb. 136 und 137: Um die Stellmutter schließlich abzurunden, werden umlaufend die Kanten flach-gefeilt, bis jeweils gleich große Facetten entstanden sind. Dieser Vorgang wird so lange wiederholt, bis die Mutter bereits annähernd rund ist. Dann wird sie auf einen Bolzen aufgeschraubt und mit einer weiteren Mutter gekontert. Dieser Aufbau wird in die Ständerbohrmaschine eingespannt und bei laufendem Motor eine Feile an das Werkstück gehalten. Ist die Rundung zufriedenstellend, wird die Feile mit Schleifpapier umwickelt und die Mutter auf diese Weise mit einem feinen Finish versehen.

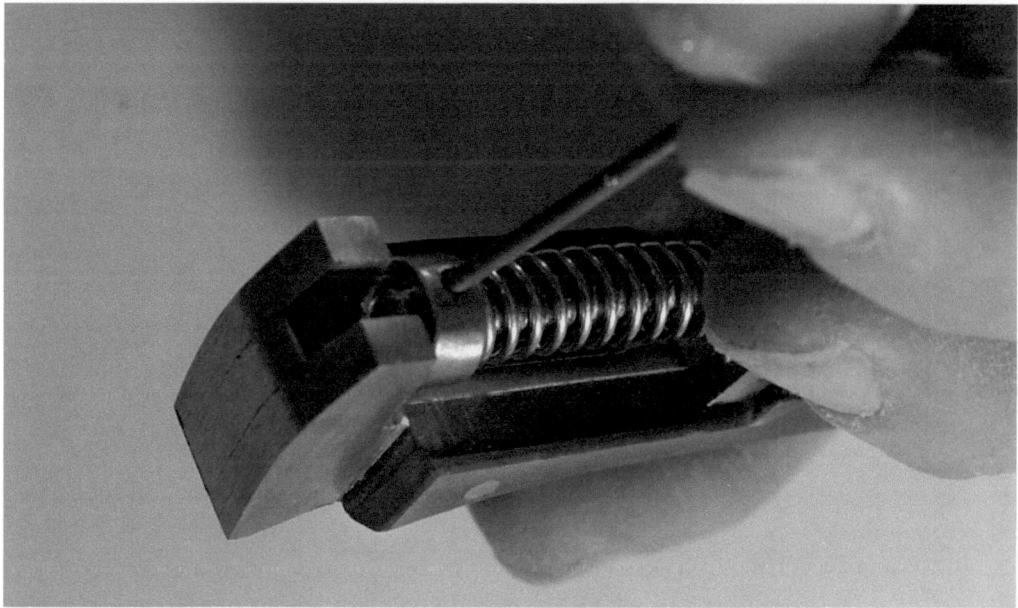

Abb. 138 und 139: Oben die fertiggestellte Stellmutter. Unten wird mithilfe eines Einstellstifts die Stellmutter auf den Federarm geschraubt.

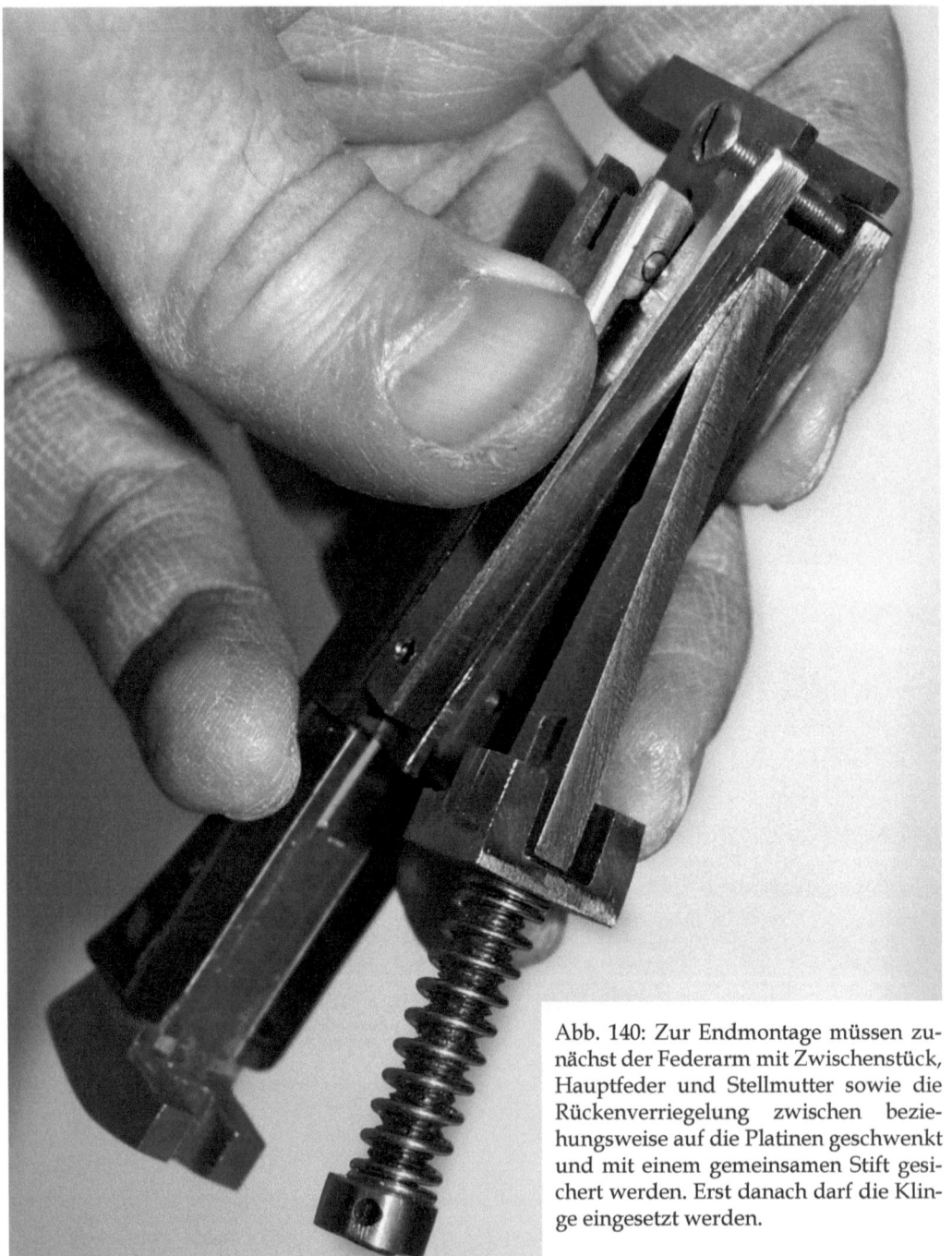

Abb. 140: Zur Endmontage müssen zunächst der Federarm mit Zwischenstück, Hauptfeder und Stellmutter sowie die Rückenverriegelung zwischen beziehungsweise auf die Platinen geschwenkt und mit einem gemeinsamen Stift gesichert werden. Erst danach darf die Klinge eingesetzt werden.

Endmontage

Sind alle Einzelteile fertiggestellt und so fein geschliffen und poliert, wie der Messermacher oder sein Kunde es sich wünscht, kann mit der Endmontage begonnen werden. Ausgangspunkt sind die fertiggestellten Platinen, die bereits mit Backen, Auslösevorrichtung und Griffschalen versehen sind. Am Knauf sind sie bereits mit dem Füllstück zu einer Einheit vernietet. Im nächsten Schritt wird nun der Federarm eingesetzt: Dazu werden zunächst Zwischenstück, Feder und Stellmutter aufgesetzt und das Element sodann lose an den richtigen Platz gesteckt.

Ist dies erfolgt, wird die Verriegelungseinheit an ihren Platz geschoben. Es ist empfehlenswert, zunächst einen locker sitzenden Stift durch das Nietloch zu schieben, um die einwandfreie Funktion erst einmal zu prüfen. Dazu wird nun auch die Klinge an ihren Platz geschoben – um dies zu ermöglichen, muss zunächst der Hebel der Auslösevorrichtung nach oben geklappt werden. Als Klingenachse wird ebenfalls zunächst nur provisorisch ein locker sitzender Stift eingeschoben. So kann bereits die volle Funktion des Messers getestet werden: Also das Schließen der Klingel mit Spannen der Feder, das Auslösen über die Auslösevorrichtung, das Aufschnappen der Klinge und die automatische Arretierung durch die Verriegelungseinheit. Ist die Funktion zufriedenstellend, können die locker sitzenden Stifte entfernt und die endgültigen Passstifte eingeschlagen werden.

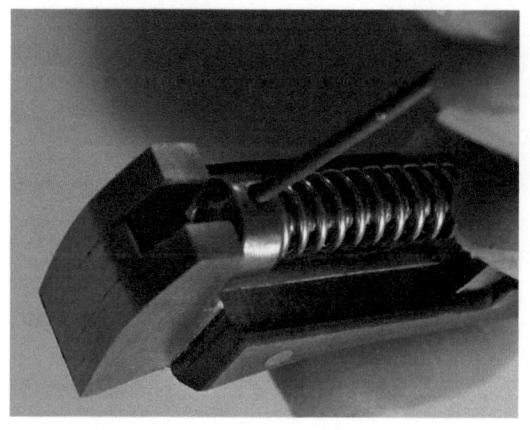

Vorsicht beim Vernieten der Klingenachse! Ist der Gang der Klinge zu stramm, muss die Kraft der Spiralfeder schon sehr stark sein, um die Klinge noch verlässlich aufschnappen lassen zu können. Hier ist es besser, ein leichtes seitliches Klingenspiel in Kauf zu nehmen, um die Funktion des Messers auf jeden Fall zu gewährleisten.

Abb. 141: Für die Montage sollte die Hauptfeder so schwach wie möglich eingestellt werden.

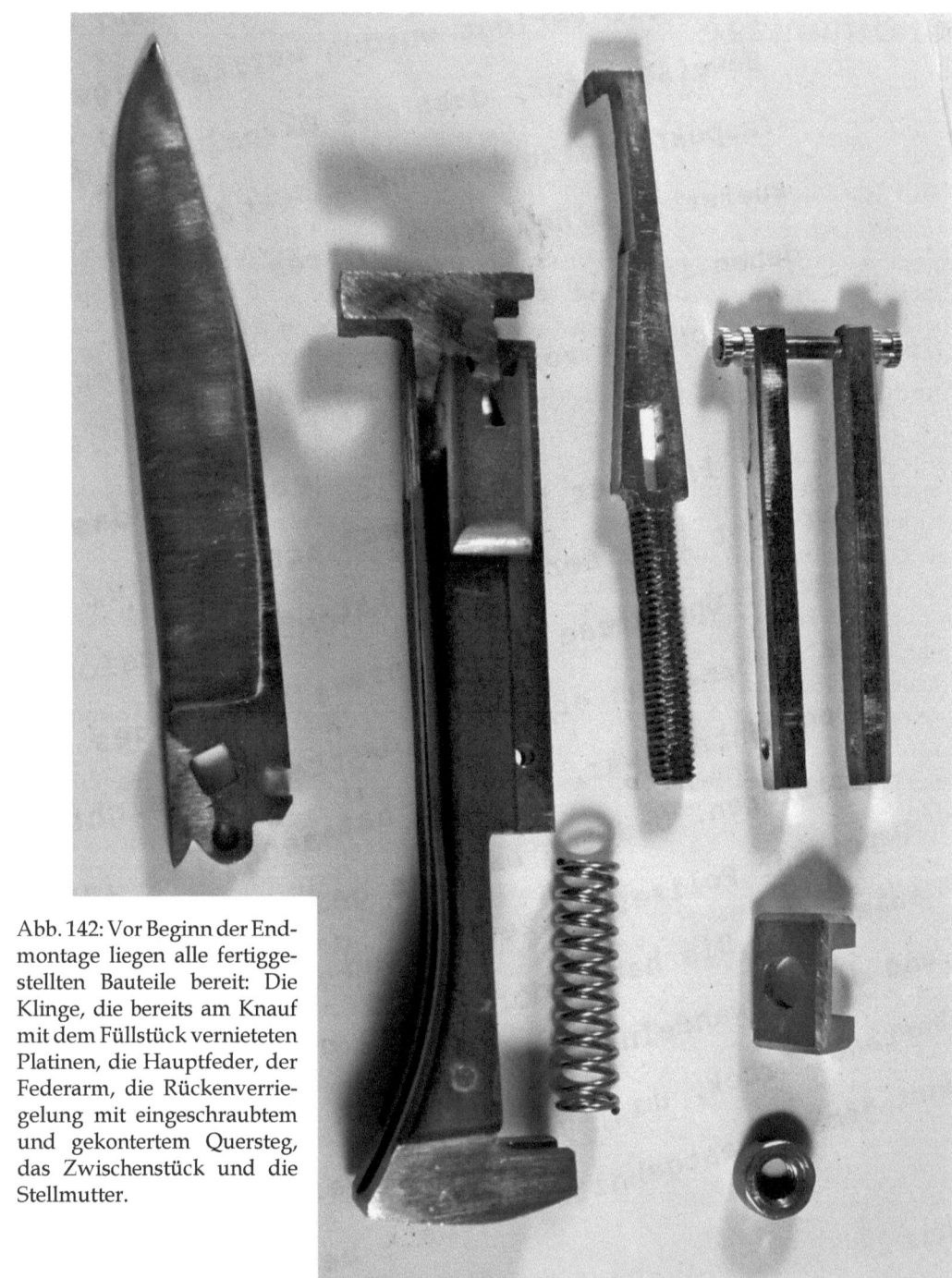

Abb. 142: Vor Beginn der Endmontage liegen alle fertiggestellten Bauteile bereit: Die
Klinge, die bereits am Knauf
mit dem Füllstück vernieteten
Platinen, die Hauptfeder, der
Federarm, die Rückenverriegelung mit eingeschraubtem
und gekontertem Quersteg,
das Zwischenstück und die
Stellmutter.

Allerdings spielt die robuste Konstruktion der russischen Springmesser in dieser
Frage dem Messerbauer förmlich in die Tasche – denn durch die darin verbau-
ten großformatigen Spiralfedern lassen sich Federkräfte erzielen, die in anderen
Springmessertypen undenkbar wären. Somit kann auch der Gang der Klinge fester und das Klingenspiel geringer sein, als in anderen Konstruktionen. Hier kann
der Messermacher durchaus ein wenig herumprobieren und die beiden Faktoren
„Federkraft" und „Klingengang" gegeneinander abwägen.

Zu guter Letzt findet das Feintuning dann über die Stellschraube statt. Denn
selbst wenn die beiden genannten Faktoren gut aufeinander abgestimmt sind,
wird die Funktion immer noch nicht hundertprozentig zufriedenstellend sein,
weil die Stellschraube entweder zu schwach oder zu stark eingestellt ist. Doch
dies lässt sich nun mithilfe eines kleinen Stiftes regulieren, solange, bis die Funktion des Messers den Wünschen des Endnutzers entspricht.

Herzlichen Glückwunsch! Sie haben es geschafft! Sie haben Ihr erstes russisches
Springmesser fertiggestellt.

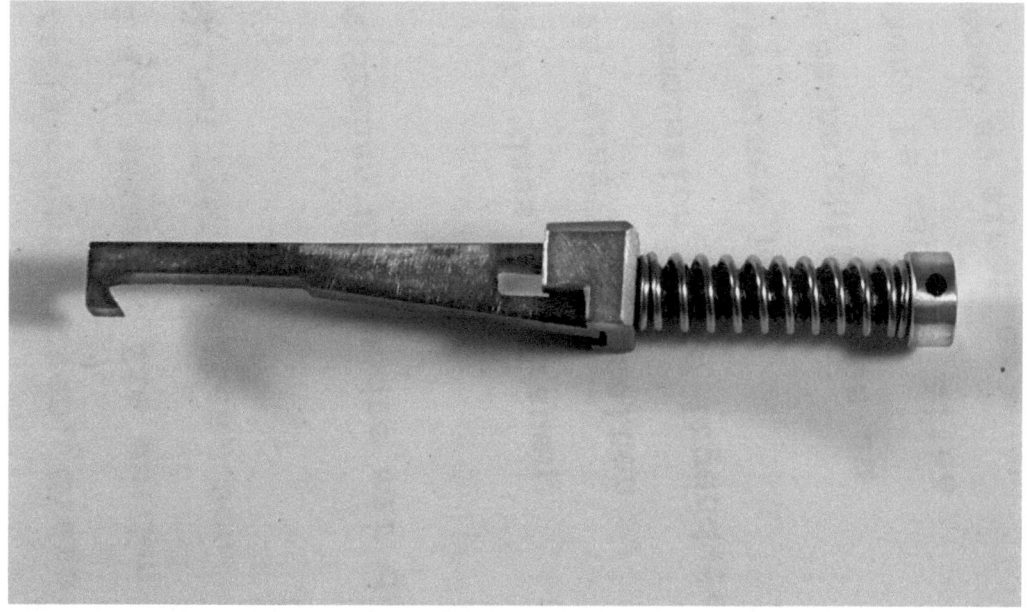

Abb. 143: Der zum Einbau vorbereitete Federarm mit Zwischenstück, Hauptfeder und Stellmutter.

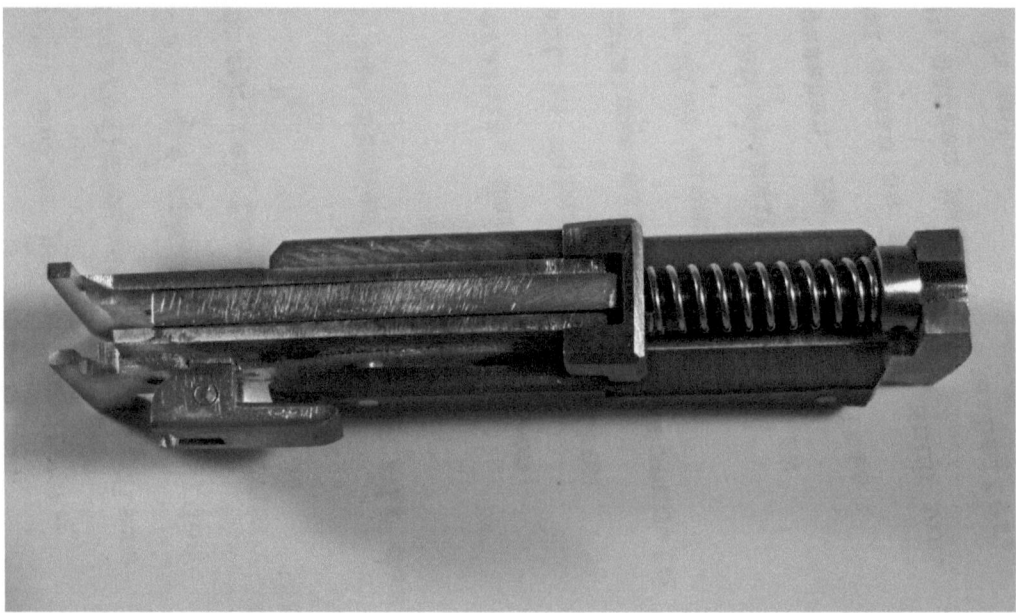

Abb. 144 und 145: Der Federarm wird schräg von oben zwischen die Platinen geschoben. Beim Herunterklappen muss das Zwischenstück mit ein wenig Druck gegen die Feder geschoben werden. Im unteren Bild ist der Federarm auf seiner Endposition eingerastet.

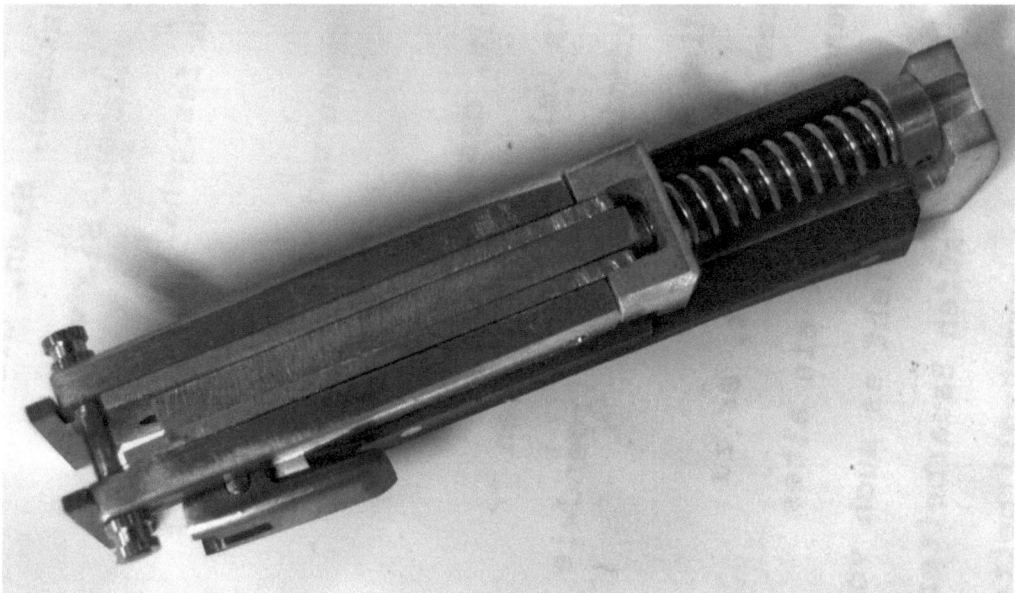

Abb. 146 und 147: Um die Rückenverriegelung einsetzen zu können, muss das Zwischenstück wieder gegen die Kraft der Hauptfeder nach hinten gedrückt werden. Ist auch sie an ihrem Platz, kann der Stift, der zugleich als Achse dient, eingesetzt werden. Abschließend muss nur noch die Klinge an ihren Platz geschoben und vernietet werden.

Abb. 148: Ansicht des fertiggestellten Messers von hinten.

Abb. 149: Ansicht von vorn in
geschlossenem Zustand.

Fazit

Schon beim Schreiben dieses Buches hat der Autor seine Kritiker in spe förmlich aufschreien gehört:

„Da hat er aber ordentlich geschludert beim Bau dieses Messers!"

„Und überhaupt: Wie kann man so arbeiten?"

„Das ist doch überhaupt nicht fachgerecht!"

„Profis machen das ganz anders!"

Ja, der Autor kann diesen seinen Kritikern in allen Punkten nur Recht geben. Aber: Das Resultat seiner amateurhaften Bemühungen war ein absolut funktionsfähiges Messer, das sich im Alltagsgebrauch bewährt, aus robusten Materialien gefertigt ist, die im Einkauf kaum 20 Euro gekostet haben dürften und dessen Herstellung nicht allzu lange gedauert hat.

Kurz: Dieses Messer macht Spaß. Und das war das Hauptziel dieses Buches – nicht zu verbissen an die Sache heranzugehen und einfach Spaß beim Bauen zu haben.

Wem diese Vorgehensweise nicht zusagt, wer es besser kann, oder wer einfach anderer Meinung ist als der Autor, hat mit dieser Bauanleitung die Möglichkeit, sein Fachwissen mit den vermittelten konstruktiven Details von russischen Springmessern zu verbinden und eine High-End-Version davon zu bauen.

Ein jeder ist schließlich seines Glückes Schmied, sogar ein Messerbauer. :-)

Abb. 150: Auf der linken Seite ist das fertiggestellte Messer von allen Seiten zu sehen.

Literatur

Beake, Chandler: Knifemaking For Beginners: 10 Essential Knifemaking Tools And Tutorial To Making Your Own Knife. North Charleston: Create Space, 2017.

Benson, Ragnar: Switchblade: The Ace of Blades. Boulder: Paladin Press, 1989.

Boye, Davig; Caradonna, Robert: Step-By-Step Knifemaking: You Can Do It! Dolan Springs: Boye Knives Pr., 2002.

Bray, Stan: Making Small Workshop Tools. Seattle: Workshop Practice Publ., 1987.

Bray, Stan: Grinding, Honing and Polishing. Seattle: Workshop Practice Publ., 2009.

Cain, Tubal: Hardening, Tempering and Heat Treatment. Seattle: Workshop Practice Publ., 1984.

Erickson, Mark: Antique American Switchblades. Washington: KP Books, 2004.

Faktor, Zdenek; Bouzek, Michal: Messer und Dolche. Hanau: Dausien, 1991.

Fronteddu, Peter; Steigerwald, Stefan: Back-Lock-Messer: Von der Konstruktion zum fertigen Messer (Messer Magazin Workshop). Bad Aibling: Wieland Verlag, 2007.

Fronteddu, Peter; Steigerwald, Stefan: Klappmesser bauen für Anfänger: Schritt-für-Schritt-Anleitung: Traditionelle Klappmesser mit einfacher Technik (Messer Magazin Workshop). Bad Aibling: Wieland Verlag, 2009.

Goddard, Wayne: Wayne Goddard's $50 Knife Shop, Revised. New York: Gun Digest Books, 2006.

Hollis, Durwood: Knifemaking with Bob Loveless: Build Knives with a Living Legend. Iola: Krause Publications, 2010.

Lake, Ron; Centofante, Frank; Clay, Wayne: How to Make Folding Knives: A Step-By-Step How-To. Iola: Krause Publications, 1994.

Langston, Richard: The Collector's Guide to Switchblade Knives: An Illustrated Historical and Price Reference, Boulder: Paladin Press, 2001.

Levy, Sheldon (Hg.): From Russia with Love or Cough Up Some of that Hard Currency, Comrade! in: The Automatic Knife Resource Guide and Newsletter Vol 3 No. 2. 1992, S. 4.

Levy, Sheldon (Hg.): From Russia - Revisited. in: The Automatic Knife Resource Guide and Newsletter Vol 4 No. 1. 1992, S. 7.

McCreight, Tim: Custom Knife-Making: 10 Projects from a Master Craftsman. Mechanicsburg: Stackpole Books, 1987.

Myers, Ben: Introduction To Switchblade Knives. New York: American Eagle Publications, 1982.

Peter-Michel, Wolfgang: Hobby Messermachen. Bad Aibling: Wieland Verlag, 2024.

Peter-Michel, Wolfgang: Multitools selbst gebaut. BNorderstedt: Books on Demand, 2018.

Price, LeRoi: Knife Mechanisms just for the fun of it. North Charleston: Kindle Edition, 2013.

Price, LeRoi: Switchblade and other Pocketknife Mechanisms. North Charleston: Kindle Edition, 2015.

Siebeneicher-Hellwig, Ernst: Messer machen wie die Profis. Stuttgart: Franckh Kosmos Verlag, 2016.

Zinser, Tim; Fuller, Dan; Punchard, Neal: Switchblades of Italy. Nashville: Turner Pub Co., 2003.

Vom gleichen Autor:

Wolfgang Michel

Das Fairbairn-Sykes Kampf-messer

Symbol britischer Guerillakriegsführung im Zweiten Weltkrieg

Paperback, Format 14,8 x 21 cm, 140 Seiten
ISBN: 978-3-8370-0877-7
14,90 Euro

Wolfgang Michel

Britische Schalldämpferwaf-fen 1939–1945

Entwicklung, Technik, Wirkung

Paperback, Format 14,8 x 21 cm, 124 Seiten
ISBN: 978-3-8370-2149-3
19,90 Euro

Bestellbar in jedem Buchladen oder im Online-Buchhandel.

<u>Vom gleichen Autor:</u>

Wolfgang Michel
Die Liberator Pistole FP-45

Partisanenwaffe und Mittel zur psychologischen Kriegsführung

Paperback, Format 14,8 x 21 cm, 92 Seiten
ISBN: 978-3-8370-9271-4
12,90 Euro

Wolfgang Michel
Britische Spezialwaffen 1939–1945

Ausrüstung für Eliteeinheiten, Geheimdienst und Widerstand

Paperback, Format 14,8 x 21 cm, 176 Seiten
ISBN: 978-3-8423-3944-6
24,90 Euro

Bestellbar in jedem Buchladen oder im Online-Buchhandel.

Vom gleichen Autor:

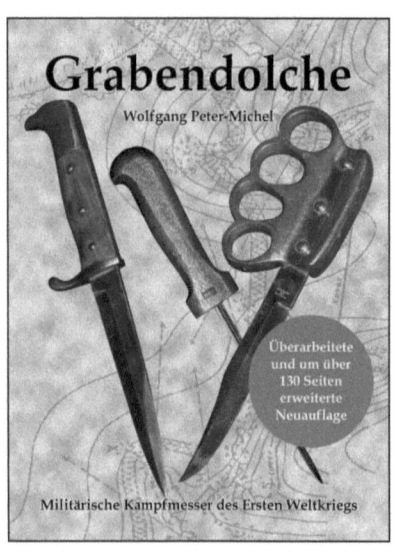

Wolfgang Peter-Michel

Grabendolche

Militärische Kampfmesser des Ersten Weltkriegs

Paperback, Format 17 x 22 cm, 240 Seiten
ISBN: 978-3-8423-7719-6
34,90 Euro

Wolfgang Peter-Michel

Das Fallmesser der Deut-
schen Luftwaffe

Technik und Entwicklung des Fliegerkapp-
messers

Paperback, Format 17 x 22 cm, 100 Seiten
ISBN: 978-3-8448-0143-9
16,90 Euro

Bestellbar in jedem Buchladen oder im Online-Buchhandel.

Vom gleichen Autor:

Wolfgang Peter-Michel
Faschinenmesser

Preußen, Sachsen, Bayern, Württemberg

Paperback, Format 17 x 22 cm, 260 Seiten
ISBN: 978-3-7322-3171-3
34,90 Euro

Wolfgang Peter-Michel
Ballistische Messer

Waffen für Geheimdienste und Spezialeinheiten

Paperback, Format 17 x 22 cm, 128 Seiten
ISBN: 978-3-7431-2534-6
29,90 Euro

Bestellbar in jedem Buchladen oder im Online-Buchhandel.

Vom gleichen Autor:

Wolfgang Peter-Michel
Ballistic Knives

Weapons for Secret Services and Special Forces

Paperback, Format 17 x 22 cm, 124 Seiten
ISBN: 978-3-7386-2780-0
29,90 Euro

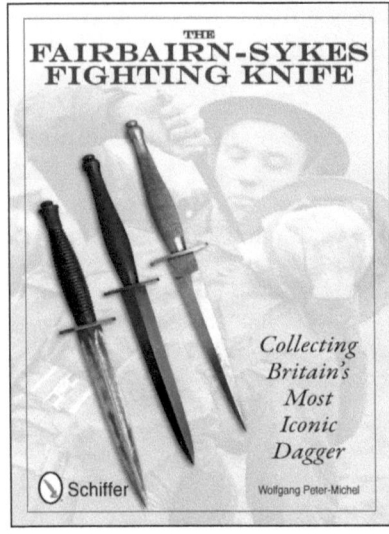

Wolfgang Peter-Michel
The Fairbairn-Sykes Fighting Knife

Collecting Britain's Most Iconic Dagger

Paperback, Format 16 x 23,5 cm, 158 Seiten
ISBN: 978-0-7643-3763-5
59,99 $

Bestellbar in jedem Buchladen oder im Online-Buchhandel.

<u>Vom gleichen Autor:</u>

Wolfgang Peter-Michel
Flugerfahrungen mit der Heinkel He 162

Testpiloten berichten

Paperback, Format 17 x 22 cm, 120 Seiten
ISBN: 978-3-8423-7048-7
19,90 Euro

Wolfgang Peter-Michel
Volksgewehre

Die Langwaffen des deutschen Volkssturms

Paperback, Format 17 x 22 cm, 236 Seiten
ISBN: 978-3-7431-5333-2
34,90 Euro

Bestellbar in jedem Buchladen oder im Online-Buchhandel.

Vom gleichen Autor:

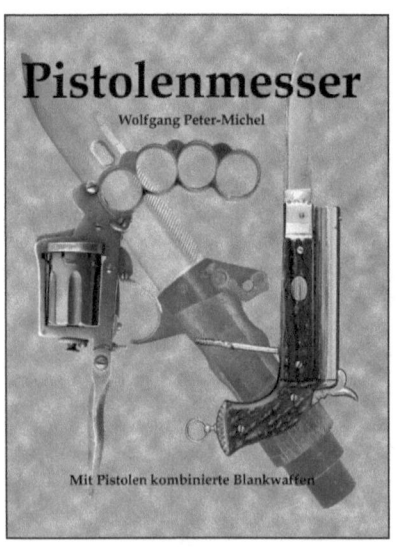

Wolfgang Peter-Michel

Pistolenmesser

Mit Pistolen kombinierte Blankwaffen

Paperback, Format 17 x 22 cm, 264 Seiten
ISBN: 978-3-7448-0194-2
29,90 Euro

Wolfgang Peter-Michel

Verdeckt getragene Messer

Outdoor, Alltag, Selbstverteidigung

Paperback, Format 17 x 22 cm, 112 Seiten
ISBN: 978-3-7460-4895-6
16,90 Euro

Bestellbar in jedem Buchladen oder im Online-Buchhandel.